LE SUPER-HÉROS NUMÉRIQUE

DÉCOUVREZ LES AVENTURES DE KITSU EN MATIÈRE DE BLOCKCHAIN, DE NFT ET DE CRYPTOASSETS DANS LE MONDE DES ALGO

KITSUNE INU ASA

TABLE DES MATIÈRES

CHAPITRE 1

Le monde était en plein chaos, les rues étaient vides, et tout le monde souffrait du trilemme. Betty était assise sur les marches du porche de sa maison et regardait les rats maigres courir dans les rues. Betty a poussé un profond soupir ; elle a vu Mme Brentwood sortir de chez elle. La femme âgée portait un sac de boîtes de conserve ; Betty a traversé la rue en courant pour aider Mme Brentwood. "Bonjour, Mme Brentwood" Betty sourit ; le revers de sa robe s'est accroché à un clou la semaine dernière ; Betty a failli trébucher en montant les marches pour rejoindre Mme Brentwood sous le porche. "Bonjour, Betty" Mme Brentwood a donné une tape sur la tête de Betty. "Apporte cette robe plus tard, que je puisse la réparer", a ajouté Mme Brentwood. "Elle s'est accrochée à un clou quand je suis allée cueillir des fleurs dans le champ", a expliqué Betty. "Des fleurs ? Je ne savais pas qu'il nous en restait", a dit Mme Brentwood. "Si tu montes sur la montagne, tu pourrais en trouver de belles", a répondu Betty. Depuis le début du trilemme, toutes les bonnes plantes étaient mortes, et les gens pouvaient à peine se nourrir.

Mme Brentwood regardait son jardin mort, les fleurs étaient desséchées, et il n'y avait rien d'autre que de la terre morte dans le pot de fleurs. La pollution de l'air ne pouvait rien faire pousser, il était difficile de trouver de l'air frais. "Est-ce que ça finira un jour ?" demanda Betty. "Très bientôt", assure Mme Brentwood à la jeune fille. Elle n'avait aucune idée si elle allait vivre pour voir ce jour. Mme Brentwood a fermé les yeux et s'est souvenue des jours où elle organisait un grand dîner familial ; les enfants étaient toujours dans l'expectative. Elle n'avait vu aucun de ses enfants depuis le début du trilemme, et peu à peu, Mme Brentwood perdait confiance dans le système. Mais elle ne pouvait pas dire à Betty que leur monde s'écroulait ; la jeune fille ne pouvait pas se décourager.

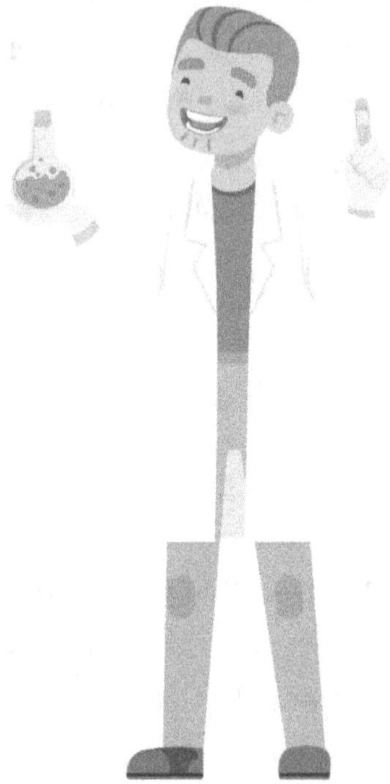

Monsieur Peter était dans son bureau quand le téléphone sur son bureau s'est mis à sonner ; il a immédiatement décroché le combiné. "Riley, qu'est-ce qu'il y a ?" M. Peter a jeté un coup d'œil à sa montre ; il était en retard pour une réunion avec le conseil d'administration. "L'équipe de recherche de Portland a dit que c'était urgent", a répondu Riley. "Il vaudrait mieux que ce soit important ; je suis en retard pour une réunion importante. Passez-les moi", soupira M. Peter. L'Agence spatiale et astrologique est une agence internationale, dont le bureau est situé en Arizona. L'agence dispose de nombreuses équipes de recherche à travers le monde ; c'est la première fois que Peter parle avec l'équipe de Portland. Il a été nommé directeur il y a un an.

"Bonjour, M. Peter", la personne au bout du fil a une voix très subtile. "Bonjour" La réponse de Peter est sèche. "Je suis le professeur Nasir, et je suis avec un de mes chercheurs ici, M. Richard." Le professeur en était encore aux présentations, mais Peter s'impatientait. "Je suis désolé, mais pouvons-nous aller droit au but ; je suis en retard pour une réunion importante," répondit Peter. "Je suis désolé pour le dérangement. Nous avons reçu des signaux ce matin qui sont un peu troublants", a expliqué le professeur Nasir. "Qu'est-ce que vous voulez dire ?" Peter écoutait avec une attention soutenue cette fois. "Les signaux que nous avons reçus ce matin montrent que le monde va être frappé par un trilemme", a répondu le professeur Nasir. "Un trilemme ?" Peter a jeté un coup d'œil à sa montre. "Oui, monsieur, nous ne trouvons pas la couche d'ozone, c'est presque comme si elle avait disparu". expliqua le professeur Nasir. "Que voulez-vous dire, vous ne pouvez pas la trouver ?" Peter essayait tant bien que mal de ne pas paniquer. "Vous pouvez relancer l'état des lieux là-bas. La disparition de la couche d'ozone va provoquer une pollution de l'environnement, ce qui va certainement affecter la stabilité économique du monde. Si nous pouvons obtenir de la nourriture, et je ne sais pas à quoi m'attendre", le professeur Nasir a poussé un profond soupir. "C'est un désastre. Professeur Nasir, cette information est classifiée. Mettez-la en veilleuse, je vous recontacterai", Peter a lâché le combiné.

"Riley, je me dirige vers le centre de recherche", dit Peter en prenant ses clés de voiture. "Monsieur, et la réunion ?" Riley semblait confus. "Je vais appeler le président du conseil d'administration depuis la voiture. Quelle que soit l'information qui vient de Portland, elle est placée sur la liste des priorités, et s'il vous plaît, faites venir le professeur Nasir ici" Peter s'est précipité hors de son bureau. En tournant le contact de la voiture, il se demandait combien de temps il leur restait avant que le trilemme ne commence. Le pot d'échappement de sa voiture allait certainement contribuer beaucoup, mais c'était pour une bonne cause. Peter a appelé le président du conseil d'administration dans sa voiture ; Mme Hilary a décroché à la deuxième sonnerie. "C'est gentil de nous avoir fait attendre", a-t-elle dit. "Nous avons des problèmes plus importants à régler ; je viens de recevoir un appel de l'équipe de recherche de Portland. La couche d'ozone a disparu, et il y a un désastre imminent" Peter n'a pas mâché ses mots. "Vous plaisantez, n'est-ce pas ?" Mme Hilary avait l'air affolée. "J'aimerais bien" Peter est entré dans le parking. "Qu'est-ce que ça veut dire ?" Mme Hilary a demandé. "La pollution, le changement climatique, et finalement, la pauvreté. Cela s'appelle le trilemme", répondit Peter. "Combien de temps avons-nous ?" La voix de Mme Hilary était presque un murmure. "C'est ce que je suis sur le point de découvrir", a répondu Peter. "Je vais informer le conseil", a dit Mme Hillary avant de raccrocher.

Peter est sorti de sa voiture en toute hâte ; l'équipe de recherche disposait d'une installation standard en Arizona. Une grande salle qui pouvait accueillir confortablement soixante-dix chercheurs. La salle était meublée d'appareils technologiques récents et de grands écrans qui projetaient les informations pertinentes à afficher. Le chef de l'équipe de recherche a rencontré Peter a la porte. "Je ne vous attendais pas...." Le professeur Slovaks était une personne renommée dans le domaine, et il était logique qu'il soit le chef de l'équipe. "J'ai besoin d'yeux sur la couche d'ozone", a dit Peter en entrant dans la pièce. L'image a été projetée sur l'écran, et Peter a passé ses doigts dans ses cheveux. "Qu'est-ce que c'est ?" Le professeur Slovaks a ajusté ses lunettes à large monture. Peter a fixé l'écran en état de choc. "C'est parti" Un silence de mort s'est abattu sur la pièce. Si une épingle tombait, tout le monde l'entendrait. "Ce n'est pas bon. Walter, j'ai besoin d'images de l'espace", a crié le professeur Slovaks. Les images sont apparues sur l'écran, et tout le monde a pu voir un grand objet noir, en forme de boule, avançant vers la terre. "Est-ce que ça se dirige vers la terre ?" Peter a posé la question que tout le monde avait peur de poser. "Oui," répondit le Professeur Slovaks en écarquillant les yeux. "Combien de temps avons-nous ?" Peter a demandé en faisant les cent pas dans la pièce. "Il se déplace à 0,58 km par heure. À peu près, nous avons une semaine avant qu'il ne touche la terre", a répondu l'un des chercheurs.

"Quel est le pire scénario ?" Peter a fixé le professeur Slovaquie pour une réponse. "Il n'y a pas de limite à cette chose", soupire le professeur Slovaks. "Trouvez une mesure proactive ou quelque chose qui puisse arrêter le trilemme" Peter se dirigeait vers la porte. "Cette chose est inévitable", a répondu le professeur Slovaks. "Alors trouvez des mécanismes d'adaptation", a dit Peter en quittant la pièce. Alors qu'il retournait à sa voiture, il se demandait s'il y aurait un moyen de s'en sortir. Le monde touchait à sa fin, et personne ne l'avait vu venir. Peter est monté dans la voiture et a appuyé sa tête contre le volant. Son téléphone a sonné ; Peter a vérifié l'identité de l'appelant et a répondu à l'appel. "Peter, combien de temps avons-nous ?" c'était Mme Hilary au téléphone. "Une semaine", répond Peter sans ambages. "Peut-on arrêter ça ?" Mme Hilary a demandé. "Pas avant que ça nous frappe. Peter avait peur des mots qui sortaient de sa bouche. "Je vais parler au Secrétaire Général des Nations Unies immédiatement," soupira Mme Hilary. "Nous devrions tous être préparés", répondit Peter. "Faites-moi une faveur, amenez cette équipe en Arizona. S'ils ont découvert cette crise avant nous, ils doivent être en train de réfléchir à une solution maintenant", dit Mme Hilary.

Peter a poussé un profond soupir après que Mme Hilary ait mis fin à l'appel. La femme avait raison ; l'équipe de Portland a peut-être une solution. Peter retourna à son bureau ; Riley était sur ses pieds dès qu'il entra. "Monsieur, c'est vrai ?" Riley semblait sur le point de pleurer ; Peter n'avait jamais vu la dame aussi inquiète. "J'ai bien peur que oui", a répondu Peter. "Oh ! Non," Riley a haleté. "Quand le professeur Nasir arrivera-t-il ?" demanda Peter en s'asseyant sur sa chaise. "Il devrait déjà avoir embarqué dans l'avion, il devrait être là dans les quatre prochaines heures" Riley jeta un coup d'œil à sa montre-bracelet. "1600hrs, pour être précis", ajouta Riley. "C'est bien. Amenez-le moi à la minute où il touche la base". répondit Peter. "J'ai également besoin que vous organisiez une réunion avec tous les membres du personnel et une conférence de presse pour le briefing", a déclaré Peter en s'adossant à la chaise. "Nous organisons une conférence de presse ?" Riley a demandé. "Tout le monde doit être au courant ; cette chose pourrait nous prendre au dépourvu", a répondu Peter. Riley est passée en mode exécution dès qu'elle est sortie du bureau de Peter.

Le professeur Nasir a été emmené de l'aéroport à l'Agence spatiale et astrologique. Peter allait informer la presse après avoir rencontré le professeur Nasir. Peter a rencontré le professeur à la porte, "Bonsoir, Professeur Nasir" Peter a tendu la main, et l'homme l'a pris dans une poigne ferme. "C'est un honneur d'être ici, monsieur", a déclaré le professeur Nasir. "Eh bien, j'aurais aimé que la situation soit différente ; peut-être que je vous aurais fait visiter", a dit Peter alors qu'ils entraient dans son bureau. "Je comprends", a répondu le professeur Nasir. "Asseyez-vous s'il vous plaît", a dit Peter en s'asseyant sur son siège. "Alors, à quoi avons-nous affaire ici ?" Peter s'est appuyé sur la chaise. "Nous sommes arrivés à une théorie à Portland. Nous pensons que la couche d'ozone a été complètement usée auparavant. Notre équipe a découvert que ce qui restait était une fine couche. Comme je vous l'ai expliqué au téléphone, à 18 heures hier, un de nos chercheurs a découvert que l'ozone était complètement éradiqué. Ce que vous avez vu se dirige droit vers la terre, et je ne sais pas combien de temps il nous reste". Professeur Nasir a expliqué. "Une semaine" La voix de Peter était presque un chuchotement. "Pardon ?" Le professeur Nasir n'a pas entendu Peter parler. "Nous avons une semaine pour arrêter cette chose, ou elle va nous consumer", répondit Peter. La salle est devenue silencieuse, et on avait l'impression qu'un juge prononçait une sentence de mort. "Avez-vous une solution ?" Peter savait qu'il marchait sur des sables mouvants avec cette question. "De notre côté, nous essayons de trouver une solution, et je suis sûr que les autres équipes essaient de faire la même chose. Mais je ne pense pas qu'il y aura une solution avant la fin de la semaine. Nous allons devoir effectuer quelques tests, et vous savez combien de temps cela peut prendre", soupire le professeur Nasir. "Pour l'instant, j'ai besoin de tout le monde sur le pont" Peter s'est levé. "J'ai un point de presse dans quelques minutes. Je pense que c'est mieux que tout le monde soit au courant." Peter a ajouté. "Je viens d'avoir le président du conseil d'administration au téléphone, le secrétaire général de l'ONU a autorisé le point de presse. Le président m'a dit que je devais également vous informer que le secrétaire général a reçu les nouvelles en état de choc" Riley a débité comme un répondeur. "Nous sommes tous sous le choc. Professeur Nasir, vous venez avec moi. Votre équipe a vu ce danger imminent ; d'abord, vous en savez plus que moi", dit Peter en sortant de la pièce.

Les journalistes étaient dans le hall de l'établissement ; ils ressemblaient à des requins affamés. Lorsque Peter est entré dans le hall, la lampe de poche de leurs caméras l'a presque aveuglé. Il détestait les briefings, mais il s'avérait qu'il n'avait pas le choix un jour comme celui-ci. "La pièce est devenue silencieuse lorsque Peter a commencé à parler ; le seul son que l'on pouvait entendre était le cliquetis des boutons de la caméra et le clavier de leur ordinateur. "La terre est sur le point d'être frappée par quelque chose que nous appelons le trilemme ; à 0800hrs aujourd'hui, nous avons confirmé que la couche d'ozone est complètement usée. Le professeur Nasir ici présent, dont l'équipe à Portland a découvert cette catastrophe imminente en premier, va nous donner les détails" Peter se tourne vers le professeur Nasir. L'homme semblait sur le point de s'évanouir, mais il a réussi à se calmer ; Peter n'a même pas remarqué que la pièce était devenue totalement silencieuse. Le professeur Nasir s'est éclairci la gorge. "A Portland, un chercheur de mon équipe a remarqué qu'une grosse boule géante d'émissions directes d'UV se dirige vers la terre, et c'est alors qu'ils ont découvert que la couche d'ozone avait complètement disparu. Le trilemme signifie que nous allons connaître le changement climatique, la pollution et que cela va également engendrer la pauvreté. La pollution de l'environnement rendra difficile la croissance des plantes et des animaux, nous pourrions donc connaître la famine, et nous ne pourrons plus prévoir le temps. a expliqué le professeur Nasir. Les journalistes fixent le professeur en état de choc, "Combien de temps avons-nous avant que le trilemme nous frappe ?" demande l'un des journalistes. "A une semaine près," répondit Peter. "Nous aimerions également informer le grand public qu'il est préférable de stocker suffisamment de nourriture dans vos maisons avant le début du trilemme. Mais nous vous assurons que nous travaillons sur une solution" Peter a quitté le podium et le professeur Nasir était juste derrière lui. Même les journalistes n'avaient pas la force de crier et de poser des questions. Le duo venait de faire une déclaration de presse qui changeait la vie.

Peter n'était pas prêt pour ce changement, mais il n'avait pas le choix ; il les prenait au dépourvu, et personne ne pouvait rien y faire. Le professeur Slovaks avait les yeux sur le trilemme, et il a informé Pete qu'il se rapprochait et que la terre ne tarderait pas à se poser. Peter soupira ; peut-être que la race humaine était en voie d'extinction, mais ils devaient quand même faire un effort pour arrêter le destructeur.

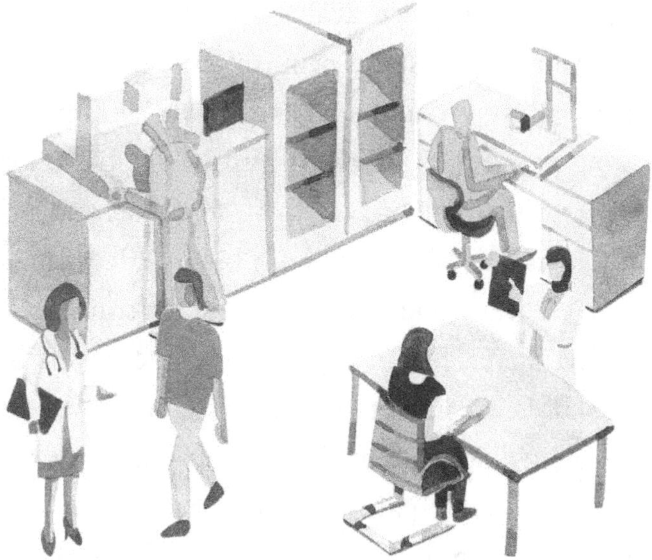

M. Peter est entré dans le bureau ; l'endroit était désert. Il y a un an, le bâtiment grouillait de vie. L'Agence spatiale et astrologique était devenue l'ombre d'elle-même. Même Mlle Riley, au bureau, ne ressemblait plus à son ancienne personnalité. M. Peter pouvait remarquer le point de couture sur sa robe. "Bonjour, M. Peter", dit Riley en ouvrant la porte de son bureau. "Bonjour, Riley", répondit Peter. "Tu sais, tu n'es pas obligé de venir travailler" Peter a laissé tomber son sac abîmé par le temps sur la table. "Je n'ai rien à faire à la maison, et j'aime cette distraction. On ne peut pas regarder la télé, et on ne peut même pas utiliser nos téléphones portables, pour ne pas causer plus de dégâts. C'est comme si quelqu'un avait jeté un sort à la terre et nous avait renvoyé au stade primitif" Riley soupire. "Nous apprendrons à vivre comme ça", a dit Peter en enlevant sa veste. "Je ne pense pas que ce soit un problème désormais. Nous avons vécu comme ça ces trois dernières années. Si tu veux mon avis, on s'en sort très bien" Riley hausse les épaules. "C'est l'attitude" Peter essaie de sourire. "Je ne pense pas, M. Peter. Je suis presque sûr que je vais bientôt abandonner. Ma voisine et ses enfants sont morts de faim hier, et c'était dévastateur. J'aimerais vraiment pouvoir aider, mais je ne peux pas. Honnêtement, je ne sais même pas combien de temps il me reste. Certaines personnes, cependant, ont le privilège d'acheter de l'air frais en boîtes de conserve parce qu'elles passent les derniers jours avant le trilemme à planquer des fonds publics suffisants pour nourrir un millier de personnes pendant des années. Maintenant, en quoi est-ce juste ?" Riley a soupiré. "Nous ne pouvons pas abandonner tout de suite. Alors concentrons-nous sur les affaires du jour", dit Peter en s'adossant à sa chaise. Le téléphone fixe sur son bureau sonnait, et Peter fixa le téléphone avec surprise. Cela faisait longtemps que personne n'avait appelé la ligne du bureau. Riley a décroché le téléphone avec excitation, "Bureau du Dr Peter, s'il vous plaît, qui est en ligne ?" Riley a demandé poliment. "Professeur Nasir, puis-je parler au directeur ?" a demandé l'homme. "Attendez, une minute. Je vous mets en ligne", a répondu Riley.

"Qui est-ce ?" Peter a demandé avec aucun intérêt. "C'est le professeur Nasir", a répondu Riley. "Quoi ?" Riley a tendu le téléphone à l'homme. "Professeur... Nasir ?" Peter a bégayé. "Bonjour, directeur", répondit le professeur. "Je ne sais même pas à quelle heure de la journée nous sommes ; je pense que c'est le matin, mais il y a un épais brouillard noir à côté, ce qui me rend confus," répondit Peter. "J'ai des nouvelles", a répondu le professeur Nasir. "Quelle est la pire chose qui puisse arriver après ça ?" Peter a soupiré. "Nous avons peut-être trouvé une solution", a répondu le professeur Nasir. "Une chose que je ne suis pas prêt à faire est d'augmenter mes espoirs" Peter tambourinait ses doigts sur la table. "Je le pensais aussi, mais après y avoir beaucoup réfléchi, cela pourrait fonctionner", répondit le professeur Nasir. "Alors je veux que cette information soit classifiée ; aucune autre âme en dehors de votre équipe ne doit l'entendre" Peter se redressa immédiatement sur sa chaise. "Quelle est la solution ?" Peter a demandé. "Nous avons travaillé sur une prime noble appelée 'Silvio'", répondit le professeur Nasir. "J'écoute" Peter était très attentif. "Silvio est une entité numérique qui avait un esprit propre, et ses capacités de réflexion sont supérieures à celles de dix hommes. Silvio a été conçu pour résoudre le problème des fonds décentralisés, de l'évolutivité et de la sécurité. En fait, Silvio est notre seule chance de résoudre le trilemme", a expliqué le professeur Nasir. "Vous êtes en train de me dire que vous, les gars de Portland, avez créé une intelligence artificielle au milieu de cette épave ?" Peter était impressionné. "C'était soit ça, soit nous attendions que la nature humaine entre en extinction", répondit le professeur Nasir. "Alors, comment Silvio va-t-il nous aider à sortir de ce pétrin ?" Peter a demandé. "Nous allons devoir attendre. C'est une IA, mais je suis sûr qu'il va trouver quelque chose", a assuré le professeur Nasir au directeur. "C'est bien, j'espère juste que ça ne prendra pas des années", a répondu Peter avant de lâcher l'appel. "Silvio est super intelligent, ça ne devrait pas prendre si longtemps", a répondu le professeur Nasir avec confiance. "Vos paroles contre les miennes", a dit Peter avant de lâcher l'appel. Peter avait appris à ne pas avoir d'espoir ; au cours des trois dernières années, il a reçu des appels comme celui-ci, et rien n'a changé. "Ça peut marcher cette fois" Riley n'avait pas l'air de croire ses propres paroles. "Vous vous souvenez de BTC ?" Peter a demandé. "Ah... Je pensais sincèrement que c'était notre sauveur", a répondu Riley.

Le professeur Slovaks a appelé Peter ce matin-là ; Peter était désespérément à la recherche de solutions. L'appel du professeur Slovaks a donc été accueilli avec beaucoup de joie. "Bonjour, directeur", Slovaks avait l'air confiant. "Bonjour, professeur Slovaks", répondit Peter. "Nous sommes peut-être tombés sur une solution", répondit le professeur Slovaks. "Quoi ?" Peter a bondi de sa chaise. "Je descends. Je veux tout savoir." Peter s'est précipité pour prendre sa clé de voiture sur la table. "Monsieur... ?" Riley a failli heurter le directeur à la porte. "Le professeur Slovaks pense avoir trouvé une solution", dit Peter en sortant précipitamment. "Oh ! Merci mon Dieu. Je suis actuellement à court d'argent" soupire Riley.

Peter arriva en Arizona ; il dut prendre sa voiture, ce qu'il n'avait pas fait depuis longtemps. La terre était déjà dans un sale état, et il ne voulait pas la mettre en danger plus qu'ils ne l'avaient fait collectivement. S'il s'agissait d'une solution, alors conduire jusqu'en Arizona était un risque qu'il était prêt à prendre. Alors qu'il conduisait sur l'autoroute, Peter n'a pas pu s'empêcher de remarquer des femmes et leurs enfants qui marchaient sur l'autoroute. Ils étaient couverts de suie, et les enfants semblaient mal nourris. Les filles de la ferme étaient couvertes d'une suie foncée, et le soleil était très dur sur leur peau. L'un des enfants pouvait à peine marcher sur la route goudronnée, qui était brûlante. Peter pouvait ressentir leur douleur et leur désespoir ; il a compris que le trilemme avait fait souffrir beaucoup de gens. C'était les conséquences de leur propre négligence, mais il devait y avoir un moyen de sortir du trilemme. Heureusement, le professeur Slovaks en avait trouvé un. Peter a mis le pied sur l'accélérateur et est arrivé au centre de recherche assez rapidement. Il rencontre le professeur Slovaks sur le parking ; la voiture de Peter est la seule dans le grand parking. "Je suis surpris que vous ayez encore de l'essence", dit le professeur Slovaks en serrant la main du directeur. "J'ai stocké de l'essence pour les situations d'urgence comme celle-ci", a répondu Peter.

"Alors, qu'avons-nous ici ?" Peter et le professeur sont entrés dans le bâtiment. "Ça s'appelle la BTC. Avec votre permission, nous nous préparons à le lancer dès que possible." Le professeur Slovaks a répondu. "Si cette chose fonctionne, alors préparez-vous à la lancer" Peter pouvait sentir le sang se précipiter dans son corps. "C'est génial. La BTC doit réactiver la redistribution des richesses et aussi fournir plus d'oxygène au peuple. Nous devrions voir du vert dans les prochains mois", expliqua le professeur Slovaks. "Quand je pense que je déteste le vert et que maintenant, tout ce que je fais dépend de la quantité de vert qu'il nous reste sur terre", dit Peter alors qu'ils entrent dans la salle de contrôle. Sur l'écran, le BTC était projeté. "Alors, comment on lance ce truc ?" Peter a demandé. "Nous l'envoyons dans l'espace avec nos vaisseaux-fusées", répondit le professeur Slovaks. "Alors que se passe-t-il ensuite ?" demanda Peter. "Lorsqu'il est positionné de manière appropriée dans l'espace, il active une orbe autour de la planète qui protège la mort des rayons UV dans l'espace", a répondu le professeur Slovaks. "Quel est le pire qui puisse arriver ?" demanda Peter. "A ce stade, il n'y a aucun risque qui ne vaille la peine d'être pris," répondit le professeur Slovaks. "C'est exactement ce que je pense", a répondu Peter.

"Lançons-le", a répondu Peter. "Lançons la BTC", dit le professeur Slovaks à la salle, et la nouvelle est accueillie par une salve d'applaudissements assourdissants. Peter a regardé l'écran pendant que la fusée se préparait à être lancée. Ses yeux sont restés fixés sur l'écran jusqu'à ce que la BTC se désassemble et se plante dans l'espace. "Quand va-t-il créer l'orbe ?" Peter a demandé. "Cela devrait prendre un jour ou deux, mais nous serons à l'affût", a répondu le professeur Slovaks. Alors que Peter et le professeur étaient immobiles, quelque chose a frappé le satellite de la BTC. "Qu'est-ce que c'était ?" Peter s'est retourné rapidement. La salle de contrôle avait perdu les images. "Que se passe-t-il ?" Le Professeur Slovaks a crié. "Je pense que nous avons perdu la caméra ; nous courons à l'aveugle ici, monsieur", a répondu un type avec des lunettes à larges bords assis devant un ordinateur. "Vous savez que nous devons surveiller la progression de la BTC !" Le professeur Slovaks était visiblement sur les nerfs. "Envoyez des caméras là-haut aussi vite que possible. Le cœur du professeur Slovaks s'emballe. Peter faisait les cent pas dans la pièce, espérant que le satellite BTC n'avait pas été détruit.

Après plusieurs jours d'essais, l'équipe a réussi à envoyer une caméra dans l'espace. Mais le retour n'était pas ce qu'ils attendaient. L'activation de la BTC n'était pas progressive ; l'orbite était lente et ne pouvait couvrir que certaines parties du globe. "Combien de temps cela va-t-il prendre ?" demande Peter. "Je n'en ai aucune idée" Le professeur Slovaks semblait perplexe. "Donc, ce que vous dites, c'est que nous allons devoir nous contenter de ce petit arc" Peter a jeté ses mains en l'air. "Je peux vous garantir que ce n'est pas le résultat que nous avions prévu" Professeur Slovaks. "Il faudra des années avant que cet orbe ne soit terminé ! S'il n'y a pas de dysfonctionnement" Peter semblait exaspéré. Il vit le regard déçu sur les visages des personnes qui ont travaillé sans relâche pour trouver une solution et réalisa qu'ils venaient de faire de leur mieux et d'échouer. "C'est bon, tout le monde. Passons à autre chose", dit Peter en sortant de la pièce. Peter avait besoin de prendre l'air, mais l'air n'était plus frais. Il a marché jusqu'au sommet du bâtiment, le ciel était sombre, et Peter ne pouvait même pas dire s'il allait pleuvoir ou non. La terre semblait brûlée, et il n'y avait aucune végétation verte à admirer. Tout semblait fade, et la vie avait perdu sa couleur.

Peter a entendu des pas se diriger vers lui ; il s'est retourné pour voir qui. "Je suis vraiment désolé. Nous pensions vraiment que nous avions les choses sous contrôle". Il y avait une longue perle de sueur sur la lèvre du professeur. "Je comprends" Peter savait à quel point tout le monde voulait que ça marche. "La BTC a créé un refuge pour certaines personnes en Antarctique. Si vous voulez mon avis, c'est une bonne chose. C'est juste que c'est si lent ; nous ne savons pas combien de temps ça va prendre ou si ça va faire le tour du globe" Peter soupire. "C'est quelque chose que je ne veux pas qu'on me rappelle", répondit le professeur Slovaks. "Au moins, nous savons que la race humaine ne va pas s'éteindre", sourit Peter. "C'est sur une note plus légère", a répondu le professeur Slovaks. "Mais l'impact que le trilemme a sur l'univers supprimerait 80% de la création humaine", dit Peter. "Je ne sais pas combien de temps il nous reste", a répondu le professeur Slovaks. "Je suppose que nous ne le saurons jamais", soupira Peter.

CHAPITRE 2

Lily était au Canada lorsque le trilemme a commencé ; elle a laissé sa fille de cinq ans, Betty, avec son mari à Londres. Lily était une spécialiste en cardiologie ; un patient devait subir une transplantation cardiaque et l'hôpital a dû faire venir Lily par avion pour effectuer l'opération. L'ASA avait publié un communiqué de presse annonçant que la couche d'ozone et la terre allaient être frappées par une énorme boule noire se dirigeant droit vers la terre. Ils ne savaient pas quand cela allait se produire, mais selon leurs calculs, cela allait se produire dans une semaine. Le plan était de se précipiter au Canada et de revenir rapidement avant que les rayons UV directs ne frappent la terre. Elle devait faire un arrêt rapide, et elle avait le temps, mais les choses ne se sont pas passées comme prévu. A la minute où Lily a terminé l'opération, la boule a frappé la terre. Il y a eu un bruit assourdissant, et tout est devenu noir ; miraculeusement, le patient de Lily a survécu, et elle était heureuse d'avoir donné à quelqu'un une autre chance de passer du temps avec sa famille.

Lily n'avait pas ce privilège, cependant ; son mari et sa fille étaient loin, à Londres. Lily ne pouvait pas les rejoindre, et c'était frustrant. Elle a essayé de réserver un vol pour rentrer chez elle ce soir-là, mais l'aéroport ne fonctionnait plus, les téléphones portables ne fonctionnaient plus, et on aurait dit que le monde s'était écroulé. Lily a fait de gros efforts pour rentrer chez elle, mais tous ses plans sont restés vains. Des personnes lui ont extorqué l'argent qu'il lui restait en lui promettant qu'elles allaient la ramener à Londres. Mais cela ne s'est jamais produit, et Lily s'est retrouvée sans le sou au Canada. Grâce à l'hôpital, de bonnes personnes sont venues partager leur nourriture dans cet hôpital désormais dysfonctionnel. Lily s'est assise sur l'un des bancs du service. Le nombre de malades avait explosé et l'hôpital manquait de personnel. L'environnement n'était plus habitable, il est normal que les gens tombent malades. Les entreprises pharmaceutiques étaient dans la merde, elles ne pouvaient pas avoir accès aux ressources, et il était très risqué de libérer des fumées toxiques dans l'atmosphère déjà polluée. Lily se demandait combien de temps encore ils pourraient endurer ces difficultés ; c'était la fin. Mais même à la fin, Lily voulait être avec sa famille, mais elle ne le pouvait pas, et c'était dévastateur.

Si seulement elle pouvait sortir du Canada, mais il n'y avait aucun moyen de sortir ; si quelqu'un était trouvé en train de conduire une voiture dans la rue, les gens attaqueraient cet individu pour avoir essayé de détruire la lueur d'espoir qui leur restait. "Mme Brandon ?" une des jeunes infirmières s'est dirigée vers Lily. "Ashely, je ne m'attendais pas à vous voir ici aujourd'hui" Lily se sentait un peu étourdie. "J'en ai eu assez de rester assise à la maison et d'attendre la fin de tout ça. Ashely a jeté ses mains en l'air. "J'espère que ça se terminera bientôt", soupira Lily. "Tu penses vraiment que ça va se terminer ?" demanda Ashely. "Je ne sais pas, nous devons juste espérer que ça se termine un jour. "Comment cela va-t-il se passer ?" Ashely fixa Lily. "Je n'en ai aucune idée. Je veux juste être avec ma famille", s'écria Lily, sa voix voyageant dans toute la salle. La pièce était mortellement silencieuse, et c'était presque comme si personne ne bougeait. "C'est bon, Lily" Ashely lui a donné une légère tape dans le dos. " Ma famille serait morte d'inquiétude, je leur ai promis que je serais de retour le lendemain. Je n'avais aucune idée que le lendemain allait être le chaos." Lilly a reniflé. "Je pense que tu dois arrêter de trop y penser", a conseillé Ashely. "Tu ne sais pas ce que je ressens", a rétorqué Lily. "Je sais que cela ne va pas te faire sortir du Canada", répond Ashely. Les mots d'Ashley sonnèrent une cloche aux oreilles de Lily ; elle inspira profondément et s'adossa à la chaise.

"Je sais comment tu te sens, mais je pense que je connais quelque chose qui te fera sortir de cette tranchée", chuchota Ashely. "Vous le savez ?" Lily s'est rapprochée de l'infirmière ; il était évident qu'elle ne voulait pas que quelqu'un entende. "J'ai entendu dire que c'était très cher mais croyez-moi, c'est votre seul ticket pour sortir d'ici", continua Ashely. "Je suis tout ouïe", Lily écoutait avec une attention soutenue. "Ethereum", dit Ashely à voix basse. "Ethereum ?" Lily a regardé la fille d'un air absent. Ashely lui a fait un léger signe de tête. "La nouvelle est qu'il y a un endroit habitable en Antarctique, mais que vous ne pouvez pas y accéder sans ETH", a expliqué Ashely. " Je ne sais pas à quel point c'est vrai, je veux juste rentrer chez moi ", a répondu Lily. "Les privilégiés se créent un refuge sûr avec l'Ethereum", a répondu Ashely. "Comment est-ce possible, Ashely ?" demanda Lily. "Eh bien, je sais que tout le monde ne va pas mourir", a répondu Ashley. Lily fixa la jeune infirmière, c'était un gros risque, et l'argent était tout ce qui lui restait. "Alors, qu'est-ce qu'on fait ?" demanda Lily calmement. "J'ai entendu dire qu'ils partaient en mer", répond Ashley. "La mer, l'eau est contaminée, ils ne tiendront pas un jour là-bas", s'étonne Lily. "Ashley s'est levée alors qu'un jeune homme était transporté dans l'hôpital. Lily a regardé la jeune infirmière s'occuper du patient ; Ashely était une gentille jeune femme. Lily s'inquiétait de ne jamais revoir sa fille si le plan d'Ashely ne fonctionnait pas. Lily s'est assise sur la chaise, passant en revue les détails de leur discussion. "Mme Brandon ? Je pense que j'ai besoin de votre aide" Ashley était à genoux devant l'homme. "Qu'est-ce qu'il y a ?" Lily a demandé en marchant vers le groupe. "Je pense que c'est mieux que vous le voyiez par vous-même", a répondu Ashley. Lily a examiné le patient et lui a demandé d'ouvrir la bouche ; ce qu'elle a vu ensuite l'a fait reculer. La gorge de l'homme était couverte de noir comme si elle avait été peinte en noir. "Depuis combien de temps est-il dehors ?" demanda Lily. "Plus d'un mois, il n'a pas d'endroit où rester. Alors nous vivons ensemble dans un hangar", a répondu la femme qui se tenait à côté de lui. "Je vous comprends parfaitement, mais cela ne va pas être facile. Nous n'avons pas de drogue, et nous devons faire disparaître la tache de son système" Lily se sentait impuissante.

"Laissez-moi voir ce que je peux faire", a dit Ashley. "Qu'est-ce que tu peux faire ?" Lily a demandé. "Puisque tout ce que nous faisons est nuisible à l'environnement, essayer de sauver une personne mourante ne devrait pas faire de mal", répondit Ashley. "Lily ne voyait pas l'utilité de sauver quelqu'un maintenant, alors qu'ils allaient tous mourir bientôt ? Il n'y avait aucune chance que quelqu'un survive au trilemme de toute façon. Du point de vue de Lily, ils rendaient un grand service à cet homme en le laissant mourir. "Dis-moi juste ce dont tu as besoin" Ashley était catégorique. "Je sais que vous ne trouverez pas de drogues. Donc l'eau potable est ma seule option", a répondu Lily. " De l'eau propre ", Ashely a poussé un profond soupir avant de quitter la pièce. Lily a regardé la jeune infirmière quitter la pièce ; si l'Ethereum allait la ramener chez elle, alors elle devait tenter sa chance. Lily n'avait jamais imaginé qu'elle se retrouverait un jour dans une telle situation d'impuissance. Il n'y a pas de mal à essayer, mais l'espoir de Lily était que cette fois-ci, ça marcherait.

Betty est assise dans le salon sombre ; une petite lampe près du canapé est la seule lumière qu'ils peuvent se permettre. Lorsque le dilemme a commencé, le gouvernement avait mis en place une structure pour contrôler l'énergie et les déchets. Le père de Betty a quitté la maison le matin, et Betty s'est retrouvée seule. Elle a vu le portrait de sa mère à la télévision ; Betty pouvait se souvenir du jour où la photo avait été prise. La famille était allée à la plage, et c'était l'un des plus beaux jours de la vie de Betty. Le ciel était bleu, les oiseaux volaient en toute liberté et l'eau était limpide. Betty a eu beaucoup de plaisir à ramasser des coquillages le long de la plage avec ses parents ; son père a fabriqué un collier de coquillages pour Betty lorsqu'ils sont revenus. Il était magnifique, et Betty l'avait porté au lit ce soir-là. Elle a regardé le portrait, et sa mère était médecin. Betty se souvient du jour où sa mère est partie au Canada. Ses parents se sont disputés ; le père de Betty ne voulait pas que sa mère parte. Le gouvernement avait déjà annoncé l'arrivée du trilemme, et personne ne les a pris au sérieux jusqu'à ce que les signes visibles commencent. La mère de Betty était très dévouée à son travail.

"Je dois y aller, Kelvin", dit Lily en faisant ses valises. "Alors que va-t-il nous arriver" répondit Kevin. "Je ne serai parti que pour un jour. Je serai de retour avant que tu t'en rendes compte", dit Lily en ouvrant la porte. "Hé, chéri. Maman va bientôt revenir" Lily a déposé un doux baiser sur le front de Betty. C'est la dernière fois que Betty a vu sa mère ; elle n'est pas revenue le lendemain comme elle l'avait promis. Betty a pleuré lorsque le trilemme a commencé, et sa mère n'était pas là pour la réconforter. Betty était si triste qu'elle s'est glissée dans son lit et elle n'a pas parlé pendant des jours ; le trilemme allait tout emporter, c'est ce que disent les nouvelles. Betty souhaitait pouvoir aller au Canada et dire à sa mère à quel point elle l'aimait. Betty a regardé le ciel devenir tout noir ; ce n'était plus une surprise. Au début, Betty criait chaque fois que tout devenait noir, jusqu'à ce qu'elle s'y habitue. Tout avait changé depuis le trilemme, Betty n'avait plus d'amis, et il n'était pas facile de jouer avec les autres enfants parce qu'ils étaient enfermés dans le confort de leur maison. Betty soupire profondément ; sa seule amie était Mme Brentwood. La femme âgée s'asseyait sous le porche tous les soirs, et elle aimait lire des histoires à Betty.

La porte s'est ouverte, et le père de Betty est entré dans la pièce. "Attrape-moi une assiette", a dit Ethan. Betty a couru à la cuisine pour prendre l'assiette. Betty revint rapidement et regarda son père sortir les champignons de ses poches. "Où les as-tu trouvés ?" demanda Betty en plongeant ses dents dans le champignon. "J'ai dû marcher au fond des bois pour les trouver", répondit Ethan. Il a versé les champignons dans l'assiette. "Papa ?" Betty n'était pas sûre de la façon dont son père allait le prendre. "Oui, chérie" Ethan nettoyait le champignon. "On peut aller voir maman ?" Betty a demandé. "J'aimerais qu'on puisse, chérie. Mais on ne peut pas", répondit

Ethan. "Pourquoi ?" Betty ne comprenait rien. "Viens, chérie" Ethan tapota le canapé et Betty courut s'asseoir à côté de lui. "Di, tu sais pourquoi nous mangeons des champignons ?" Ethan a demandé à la petite fille. "Parce que nous n'avons pas de nourriture" répondit Betty. "C'est exact, mais est-ce que tu sais pourquoi nous n'avons pas de nourriture ?". demande Ethan. "Mme Brentwood a dit que les plantes sont en train de mourir" Betty a haussé les épaules. "Tu as raison, bon travail Betty" Ethan a souri. "Quelque chose est arrivé à tout le monde dans le monde, et c'est notre faute. Maintenant les cieux ne sont plus bleus, les eaux ne sont plus blanches, et devinez quoi ?" Ethan a demandé à sa fille. "Nous n'avons pas de nourriture, et nous n'avons pas d'argent", a expliqué Ethan. "Alors nous ne pouvons pas voir maman ?" demanda Betty avec tristesse. "Nous n'avons pas d'argent, chérie. Et si nous voulons voir maman, nous avons besoin d'argent." Ethan a expliqué.

"Mais j'ai de l'argent. Est-ce qu'on peut aller voir maman avec mon propre argent ?" Betty a demandé. "Tu as de l'argent ?" Ethan a fixé la jeune fille en état de choc. "Oui, j'ai de l'argent" Betty a couru dans sa chambre et est revenue dans le salon avec une tirelire familière. "Je n'ai pas cassé ma tirelire parce que nous n'avons pas eu Noël", dit Betty à son père. "Je vois ça", répondit Ethan. "Papa, on peut la casser ensemble ?" demande Betty avec un sourire. "Bien sûr, chérie. Si c'est ce que tu veux", répondit Ethan. Betty se précipita dans la pièce et revint avec un marteau. "Nous allons prendre tout l'argent, et nous allons voir maman", dit Betty joyeusement en donnant le marteau à son père. "Tu es sûre de toi, chérie ?" demande son père. "Oui ! !!" Betty a souri, elle avait économisé beaucoup d'argent, et ils allaient enfin voir maman.

Le père de Betty a frappé la tirelire avec un marteau, des pièces de monnaie et des billets de dollars se sont répandus du cochon cassé. "Maintenant on a de l'argent" Betty sautait dans la pièce avec joie. "Comptons l'argent", a répondu Ethan. Betty s'est assise sur le tapis "1,2,3,4,5,6,7,8...." Betty et son père comptèrent l'argent. "Papa ! On a beaucoup d'argent. On en a 127 !!" Betty a crié d'excitation. Ethan n'avait pas vu Betty sourire depuis longtemps, alors il s'est amusé à regarder la jeune fille. "Nous irons voir maman demain avec cet argent" Betty a enveloppé l'argent dans une serviette propre. "Je vais le garder sous mon oreiller, pour que l'argent ne disparaisse pas, et j'espère que la petite souris ne viendra pas le chercher", dit Betty. "Je pense que la fée des dents ne vient pas à moins qu'il y ait une dent sous ton oreiller", répondit le père de Betty. "Mais elle prend ma dent sous mon oreiller. Je ne veux pas qu'elle prenne mon argent. Papa, est-ce qu'on devrait cacher l'argent dans le sol ?" Betty a regardé par la fenêtre. "Alors quelqu'un qui n'a pas d'argent prendrait notre argent", répondit le père de Betty. "C'est vrai" Betty a placé ses mains sous son menton. "Alors, qu'est-ce qu'on fait ?" Ethan a demandé. "Nous le garderions sous le pot de fleurs dans ma chambre. Comme ça, la petite souris ne l'aura pas, et personne ne saura qu'elle est là" Betty adore cette idée.

"J'aime cette idée," Ethan applaudit avec excitation. Betty a versé le sable du pot de fleurs dans une assiette et a mis la serviette dans le pot de fleurs. Une fois la serviette en sécurité dans la fosse, Betty versa à nouveau le sable dans le pot. Personne ne saurait que l'argent était dans le pot. "Je vais faire mes bagages", a dit Betty après avoir caché l'argent. "Ok", Ethan a souri.

Le lendemain matin, Betty se précipite dans la chambre de son père "Papa, réveille-toi" Betty portait sa robe préférée. Mme Brentwood avait réparé la robe avec une aiguille et du fil, et elle avait l'air toute neuve. "Nous allons être en retard", a crié Betty. "Bonjour, Betty", sourit Ethan. "Bonjour, papa", Betty lui rend son sourire. "Papa, dépêche-toi, on va être en retard", dit Betty. "Ok, je vais me préparer", a répondu Ethan. Betty et son père ont dû marcher jusqu'à la gare ; Betty a vu une petite fille qui semblait avoir son âge, assise à la gare dans des vêtements sales. "Papa, est-ce qu'elle va bien ?" Betty a tiré sur les manches de son père. "Je ne sais pas. Peut-être que nous devrions lui demander", a répondu Ethan. Betty s'est dirigée vers la fille à la gare. "Tu vas bien ?" Betty s'est assise à côté d'elle sur le sol. "Je ne trouve pas ma maman", a crié la petite fille. "Où est-elle allée ?" Betty a demandé à la fillette. "Quand je me suis réveillée, elle était partie", a répondu la fillette. "Je suis sûre qu'elle va revenir. Je vais trouver ma mère aussi", a répondu Betty. "Tu es sûre ?" la fille a essuyé ses larmes. "Ma mère va bientôt revenir. Alors, ta maman va bientôt revenir", a souri Betty. "Merci", la fille a serré Betty dans ses bras avant de s'enfuir. "Bon travail,

Betty" Ethan sourit et donne une tape dans le dos de sa fille. "Viens, chérie, demandons au monsieur là-bas s'il peut nous trouver un train pour le Canada", a dit Ethan. Betty se précipita vers l'endroit où l'homme était assis. "Bonjour, monsieur. Pouvez-vous me vendre deux billets pour le Canada, s'il vous plaît ?" demanda Betty. "Avez-vous de l'argent ?" a demandé l'homme. "J'ai de l'argent", répond Betty avec confiance. Betty a posé sa serviette sur la table pour montrer son argent à l'homme. "Je suis désolé, ma chère, mais cela ne vous mènera pas au Canada", répond l'homme. "Pourquoi ?" demande Betty, déçue. "Ce n'est pas de l'Ethereum", a répondu l'homme. "Ethereum ?" Betty et Ethan font chorus. "Oui, le seul argent qui peut vous amener au Canada est l'Eth", a répondu l'homme. "Je peux acheter de l'ETH avec mon argent ?" Betty a baissé les yeux sur son argent dans la serviette. "L'ETH est super cher, et votre argent ne sera pas suffisant pour l'acheter", a répondu l'homme. "Je suppose que tout cela est du gaspillage alors" Betty était triste. "Viens, Betty, rentrons à la maison", a dit son père. Ethan et Betty ont attaché la serviette. "Merci, monsieur", a dit Betty à l'homme alors qu'ils quittaient la gare. "Nous n'allons donc pas voir maman", a dit Betty en quittant la gare. "Quand tout sera terminé, maman sera de retour à la maison" Ethan a essayé de sourire. "Mais tout cela ne sera peut-être jamais terminé, et maman ne reviendra peut-être jamais", a crié Betty. "Oh ! Chérie, ne pleure pas" Ethan a serré sa fille dans ses bras. "Est-ce qu'on va revoir maman ?" Betty a demandé. "Je suis sûr que maman va revenir", a assuré Ethan à sa fille.

Betty et son père ont marché main dans la main jusqu'à la maison. "Sais-tu ce que nous allons faire ?" a demandé Ethan sur le chemin de la maison. Betty secoue la tête et fixe son père. "Nous allons écrire une lettre à maman", a répondu le père de Betty. "Je ne sais pas comment en écrire une", se plaint Betty. "Papa va t'aider et nous allons faire en sorte qu'elle parvienne à maman", promet Ethan.

Lorsque Betty et son père sont arrivés à la maison, Mme Brentwood était assise sur son porche et regardait le ciel. "Bonjour, Mme Brentwood" Betty a couru sur les marches du porche pour rejoindre Mme Brentwood sur les marches. "Bonjour, Betty. Comment s'est passée ta nuit ?" Mme Brentwood a demandé. "Je voulais aller voir ma maman au Canada mais l'homme à la gare m'a dit que je ne pouvais pas utiliser mon argent", a répondu Betty. "Oh ! je suis désolée, ma chérie", dit Mme Brentwood. "C'est bon, papa va m'aider à écrire une lettre pour que je puisse l'envoyer à maman", répond Betty. "C'est une très bonne option" Mme Brentwood ne regardait plus le ciel. "Je le pense aussi. Je vais dire à maman qu'il n'y a pas eu de Noël, et que nous n'avons pas eu de dinde de Noël pour le dîner. Je vais aussi te dire que tu es ma nouvelle amie, et que l'homme à la gare ne m'a pas laissée venir au Canada parce que je n'avais pas d'ETH", dit Betty dans sa précipitation. "Tu peux aussi lui dire que tu vas au champ cueillir des fleurs fraîches pour moi", a ajouté Mme Brentwood. "Oui, je peux aussi lui dire que j'ai rencontré une fille à la gare qui cherchait aussi sa mère. J'ai dit à la fille qu'elle allait retrouver sa mère, et elle a arrêté de pleurer", a souri Betty. "Je suis sûre que ta mère serait très fière de toi", sourit Mme Brentwood. "Merci, Mme Brentwood. J'apporterai d'autres fleurs dans la soirée" Betty a souri en descendant les marches. "Merci, ma chérie. Tu es une âme si douce" Mme Brentwood sourit en regardant la jeune fille rentrer chez elle en courant.

Betty a trouvé un crayon dans son tiroir ; elle a aussi arraché une page de son cahier. "Papa ! Écrivons la lettre à maman", dit Betty en s'asseyant à côté de son père. "Ok" Ethan a posé le papier sur le tapis. "Je veux tout dire à maman", dit Betty avec un sourire. "Eh bien, tu auras peut-être besoin d'un autre papier", a répondu Ethan. Betty a couru dans sa chambre pour aller chercher le cahier ; elle allait tout dire à maman.

"Mme Brandon ?" Un jeune homme est entré dans le service de l'hôpital. "Oui" Lily pouvait à peine s'entendre ; elle était épuisée. "Vous avez un courrier" l'homme lui tend une enveloppe blanche. "Un courrier ?" Lily a vérifié l'adresse postale, et c'était de sa maison à Londres. Les mains de Lily tremblaient lorsqu'elle a ouvert l'enveloppe ; cela ressemblait à une longue lettre de Betty. Étonnamment, l'écriture de Betty était propre et nette.

Chère Maman, Salut, Maman. J'espère que tu vas bien ? Le ciel au Canada est-il aussi sombre ? Je voulais venir te voir, mais il n'y a pas eu de Noël et je n'ai pas pu dépenser mon argent. Il n'y avait pas de sapin de Noël, pas de biscuits de Noël et pas de dinde de Noël parce que le ciel était noir. Mme Brentwood n'a plus de fleurs parce que le ciel est noir. Toutes ses fleurs sont mortes, maintenant Mme Brentwood a juste de beaux pots de fleurs devant sa maison. Mme Brentwood aime aussi s'asseoir sur son porche pour regarder le ciel noir, et je ne sais pas pourquoi. Hier soir, papa et moi avons fait une soupe aux champignons de temps en temps. Je suis aussi allé dans les champs chercher des fleurs pour Mme Brentwood.

J'ai enveloppé mon argent dans une serviette propre après avoir cassé ma tirelire ; papa et moi allions venir te voir. Mais le gentil monsieur de la gare a dit que je ne pouvais monter dans le train que si j'avais de l'ETH. Je lui ai dit que je voulais te voir, mais il a dit que c'était très cher. J'ai aussi rencontré une fille à la gare qui cherchait sa mère. Elle pleurait, mais je lui ai dit qu'elle allait retrouver sa mère. La fille a arrêté de pleurer et m'a fait un grand sourire. Papa a suggéré que nous écrivions cette lettre.

PS : Tu manques à papa et je t'aime. Reviens vite à la maison
Une larme s'est échappée des yeux de Lily ; elle a reniflé en lisant la lettre de sa fille. Lily était tellement en colère de ne pas pouvoir voir sa fille. Peut-être aurait-elle dû rester à Londres. L'hôpital était bondé et il n'y avait pas de médicaments pour traiter les patients. Lily s'est assise avec sa lettre et a imaginé la déception qu'a dû ressentir Betty lorsqu'elle n'a pas pu venir au Canada. Lily savait qu'elle devait trouver un moyen de rentrer chez elle, mais elle n'avait pas les moyens de payer l'ETF. Ashely a dit qu'il était très cher mais qu'il pouvait être acheté par des particuliers. Lily n'avait pas vu Ashely de la matinée, et elle ne pouvait qu'espérer que la jeune infirmière ne s'était pas enfuie avec le reste de son argent. Lily rangea la lettre dans son sac ; elle entendait du

bruit en provenance du service, elle décida donc d'aller voir. Tout ce qu'elle pouvait offrir à ce moment-là était des mots d'encouragement.

Au centre de recherche de Portland, le professeur Nasir et son équipe travaillaient sans relâche. "Monsieur, pouvez-vous venir jeter un coup d'oeil à ça ?" Leonard fixait l'écran de son ordinateur. Le professeur Nasir s'est approché de l'écran de Leonard. "Qu'est-ce que nous avons ici ?" a demandé l'homme. "Il semble que les rayons UV ne soient plus en sommeil ; ils attaquent la race humaine", a répondu Leonard. "Quand vous dites 'attaquent', qu'est-ce que vous sous-entendez ?" Le professeur Nasir a glissé ses mains dans sa poche. "Je ne sais pas, monsieur, mais ça ne s'annonce pas bien. À ce stade, personne ne serait en mesure de sortir ", a répondu Leonard. "Je pensais que la BTC était installée en toute sécurité dans une partie du globe", le professeur Nasir faisait les cent pas. "La BTC est très lente", a répondu Camille. "ETH ?" Le professeur Nasir essayait de cacher son anxiété. "Super cher", a répondu Rob. "Alors, quelles sont nos options ?" le professeur. "Nous devons trouver une solution à moins que, les rayons UV ne nous tuent", a répondu Leonard. "La race humaine ne peut pas mener cette bataille", dit Rob à voix basse. "Camille, comment va Silvio ?" Le professeur Nasir s'est assis sur une chaise. "Il n'a pas fini," répondit Camille. "Combien de temps avons-nous ?" Le professeur Nasir tambourinait ses doigts sur la table. "Je ne sais pas, mais nous avons vraiment besoin d'un sauveur en ce moment. Cela va être une bataille féroce et macabre" Rob fixait l'ordinateur. "Tout le monde écoute, ce n'est pas le moment de paniquer. En ce qui nous concerne, Silvio est la seule chose qui peut fonctionner. Nous sommes sur ce projet depuis deux ans, et croyez-moi, nous ne pouvons pas abandonner maintenant. La route va être longue et cahoteuse, mais nous ferions mieux de rendre

Silvio opérationnel avant que la guerre ne commence" Le professeur Nasir savait que l'équipe avait besoin de motivation, s'ils voulaient sauver le monde du danger imminent.

"Alors, tout le monde, remettez-vous au travail ! Finissons-en et passons le reste de nos vies en famille", a ordonné le professeur Nasir. Tout le monde s'est remis au travail immédiatement. "Leonard, je veux que tu me tiennes au courant des activités des rayons UV. Espérons que nous pourrons construire une résistance avant qu'ils ne deviennent trop violents." a dit le professeur Nasir. "Ok, monsieur", a répondu Leonard. "Camille, quel est le problème avec Silvio ?" Le professeur Nasir a demandé ; Camille était l'un des esprits brillants de l'équipe, et elle était aussi l'un des meilleurs ingénieurs logiciels du monde. "J'ai besoin de faire fonctionner le système d'exploitation. Silvio est conçu pour générer des solutions pour lui-même avec son intelligence artificielle", sirote Camille dans sa tasse de café. "Si je vous entends bien. Silvio n'est pas le vrai, mais il est la maison génératrice ?" le professeur Nasir fixait l'écran d'un air absent. "C'est exactement ce que je dis ; avec son intelligence artificielle, il créerait une technologie capable de combattre les Intrus destructeurs", expliqua Camille. "C'est bien. Nous avions besoin que Silvio soit opérationnel le plus rapidement possible. Si les violents rayons UV se déchaînent, alors ce sera un désastre, et croyez-moi, nous ne voulons pas cela," le Professeur Nasir inspira profondément.

Le professeur s'est efforcé de trouver une solution avec les membres de son équipe depuis le jour où l'équipe a découvert que l'orbe d'ozone avait disparu. C'était quelque chose qu'ils n'avaient pas vu venir, et cela a pris le monde par surprise. Le professeur Nasir s'est appuyé sur sa chaise et s'est demandé comment Silvio allait devenir une réalité. Pour être honnête, il avait des doutes. Avec le danger imminent, il n'y aurait pas assez de temps pour effectuer des diagnostics appropriés sur le programme. Ils volaient à l'aveuglette, et la seule chose qu'ils pouvaient faire à ce stade était de se fier à leur instinct. Les rayons UV peuvent tuer une personne en un instant. La vérité est qu'avant le lancement du BTC, le professeur Nasir avait le sentiment qu'il n'allait pas réussir. Créer un orbe qui sécuriserait l'univers entier ne pouvait durer qu'un certain temps, et s'ils allaient créer quelque chose qui serait immobile et se régénérerait, ils devaient produire un système qui pourrait se recréer. C'est ainsi que l'idée de Silvio a vu le jour ; le professeur Nasir ne pouvait qu'espérer que l'idée tombe à l'eau.

L'ETH a été créé par les pays qui étaient hors d'état de nuire ; l'ETH était une tentative de centraliser les fonds. Son but principal était d'éradiquer la situation financière, mais il ne pouvait pas atteindre ce but car il était trop cher, et l'homme moyen ne pouvait pas se le permettre. Les gens mouraient de faim, et à cause de la pollution, ils ne pouvaient pas se faire soigner, car la production de médicaments est dangereuse pour l'environnement déjà pollué. Rien ne fonctionnait, et le professeur Nasir ne pouvait qu'espérer que Silvio serait un succès. Silvio est le seul moyen de s'en sortir, et ils devaient le faire fonctionner. "Rob, peux-tu me donner la marge de la BTC sur l'écran ? Nous avons besoin de connaître l'évolution progressive", a dit le professeur Nasir. L'image a été projetée sur le grand écran de la salle. "Il est en train de s'user", dit Camille à voix basse. "Il ne tiendra pas longtemps. L'orbe n'avance plus, si le combat commence, il va partir de là" Léonard désigna l'écran. "Rien de tout cela n'arrivera si nous préparons Silvio avant", dit le professeur Nasir. "Uh.... Je ne pense pas. Les rayons UV ont touché la base quelque part en Asie, et il est enregistré que plus de deux dizaines de personnes sont mortes" Rob a projeté l'image sur l'écran. La salle devient silencieuse tandis qu'ils fixent l'écran. "Faisons quelque chose avant que cela ne nous atteigne", dit le professeur Nasir. "Je sors pour un moment" l'homme est sorti du centre de contrôle dans le monde sombre. Le monde était devenu si sombre qu'il ne savait même plus à quoi ressemblait un monde en couleur. Le problème est que le professeur Nasir ne sait pas si le monde sera jamais le même. Il faudrait un miracle pour que le monde retrouve sa forme originale.

* * * Betty était dans les champs ; elle aimait cueillir des fleurs sauvages. Tout le monde pensait qu'elles avaient disparu, mais Betty savait où les trouver. Un jour, alors qu'elle se promenait, Betty a trouvé ce qui ressemblait à une crique dans le champ. C'était un espace clos, caché des rayons du soleil, et l'herbe parvenait à rester verte. C'était l'endroit préféré de Betty ; les autres enfants ne voulaient pas

sortir pour jouer parce que leurs parents ne voulaient pas qu'ils aient de la suie dans les narines et la bouche. Betty devait sortir de chez elle avec un masque (que Mme Brentwood avait fabriqué pour elle). Betty rentrait chez elle avec son panier de fleurs lorsqu'elle a vu un éclair dans le ciel. C'était si effrayant que Betty a couru jusqu'à la maison. Quand Betty a ouvert la porte de la maison, un grand coup de tonnerre a retenti et Betty a lâché le panier de peur. "Papa !" Betty a trouvé son père dans la cuisine. "Oui, chérie", son père l'a entourée de sa main. "Papa ! Il se passe quelque chose", dit Betty ; elle avait les larmes aux yeux. Betty et son père se sont dirigés vers le salon et ont vu l'éclairage dans le ciel, le tonnerre, et ils ont vu un gros tronc d'arbre tomber au sol. "Papa !" Betty a utilisé son père comme bouclier. Ethan a serré la petite fille effrayée contre lui "Viens, chérie. Je suis là avec toi" Ethan ne savait pas quoi faire. Ils sont entrés dans la maison et Ethan a tiré les rideaux ; ils pouvaient entendre le bruit mais ne pouvaient rien voir. "C'est probablement juste pour quelques heures. Nous irons bien", a assuré Ethan à sa fille. "Tu es sûr ?" Betty s'est accrochée aux manches de son père. "Je l'espère" depuis que le trilemme a touché la terre, Ethan n'était plus sûr de rien. "J'ai une idée. Jouons quelque chose à la guitare pour nous changer les idées" Ethan a acheté une guitare à Betty quand elle avait cinq ans. Le père et la fille adoraient jouer de la guitare ensemble. Ethan a sorti la guitare de leur étui. "Quelle chanson allons-nous chanter ?" Ethan a demandé. "Chantons notre chanson" Betty a souri pour la première fois depuis qu'elle s'est précipitée dans la maison. "Chantons notre chanson alors", a accepté Ethan. Le père et la fille ont joué de la guitare tout en chantant leur chanson préférée. La tempête faisait rage dehors, mais Ethan avait raison ; ils n'avaient pas le temps d'y penser. Lorsque la tempête s'est arrêtée, tout le monde est sorti de sa maison pour examiner les dégâts.

Ethan et son père sont sortis de la maison ; certains de leurs voisins étaient également dehors. Il y avait beaucoup de troncs d'arbres sur le sol, les maisons de certaines personnes étaient touchées. Le tonnerre a détruit beaucoup de choses ; Betty a regardé la maison de Mme Brentwood. Les pots de fleurs étaient cassés, et son toit n'était plus là. "Papa ?" Betty a tiré sur la manche de son père pour attirer son attention. "Oui, ma chérie ?" Ethan s'est tourné vers sa fille. "Mme Brentwood", Betty a désigné l'immeuble de la femme. "Reste ici. Je vais aller la voir" Ethan a traversé la rue en courant. Ethan a frappé à sa porte "Mme Brentwood !" Il n'y a pas eu de réponse à l'intérieur. "Mme Brentwood, c'est Ethan", a-t-il crié. Ethan n'a obtenu aucune réponse ; il commençait à s'inquiéter. Il a ouvert la porte d'un coup de pied avec sa jambe, et la porte a failli tomber de ses gonds. "Mme Brentwood !" Ethan a commencé à fouiller la maison frénétiquement, "Mme Brentwood ! !!" Ethan a vu quelque chose du coin de l'oeil. La porte de la chambre était légèrement ouverte ; Ethan a poussé la porte et a vu la femme plus âgée assise sur une chaise qui fixait la fenêtre. "Mme Brentwood ?" Ethan s'est rapproché et a remarqué que les yeux de la femme étaient fermés et qu'elle ne bougeait pas. Le cœur d'Ethan s'est arrêté.

Il s'est placé en face d'elle et a essayé de sentir son pouls. Les mains de Mme Brentwood étaient froides ; Ethan a tenu son poignet pour pouvoir sentir son pouls ; elle avait un pouls faible. Ethan a sorti la femme de la chaise et l'a transportée hors de la maison. "Betty, va chercher des serviettes chaudes", a crié Ethan en portant la femme âgée de l'autre côté de la rue. Betty a couru dans la maison, et peu après, son père est entré dans la maison avec Mme Brentwood dans les bras. Betty a attrapé plusieurs serviettes, et elle a failli trébucher. Il y avait un seau d'eau près du lit ; Ethan a trempé la serviette dans le seau d'eau. Ethan faisait des compressions cardiaques avec ses mains ; Betty a appris à l'école. Elle a regardé son père pomper le cœur de la femme et écouter sa respiration. La routine s'est poursuivie jusqu'à ce que Mme Brentwood émette une profonde respiration. Betty a essoré l'eau de la serviette et a placé la serviette humide sur le front de Mme Brentwood. Les yeux de la femme étaient toujours fermés, mais Betty pouvait maintenant entendre sa respiration, ce qui était un soulagement. Après quelques minutes, ses yeux se sont ouverts lentement. "Betty ?" La voix de Mme Brentwood tremblait. "Vous allez bien, madame ?" Betty a essuyé les larmes de ses yeux. "Que s'est-il passé ?" Mme Brentwood a demandé. "Il y avait un éclair dans le ciel et de forts bruits de tonnerre qui grondaient. Et...." Betty était en train d'expliquer quand son père l'a coupée. "Chut... laisse Mme Brentwood se reposer ; tu pourras tout lui raconter à son réveil" Ethan sourit. "D'accord. Mme Brentwood, papa a dit que vous deviez vous reposer. Je vous raconterai tout à votre réveil." Betty a fait un gros câlin à la vieille dame. "Laissons-la se reposer" Ethan a pris Betty par la main, et ils ont quitté la pièce. Ethan pouvait comprendre que sa fille ait peur ; l'expression de son visage lorsqu'il est sorti de la maison avec Mme Brentwood dans le bras était quelque chose qu'il n'allait pas oublier dans une inquiétude. "Elle va s'en sortir ?"

Betty a demandé alors qu'ils sortaient de la pièce. "Mme Betty est une battante, elle va s'en sortir" Ethan a planté un baiser sur le front de Betty. "Ok", Betty a soupiré et a regardé par la fenêtre. Elle se demande si sa mère va bien au Canada. Peut-être que la tempête n'est pas arrivée là-bas ; Betty enroule ses petites mains autour de son père. Le professeur Nasir devait appeler le directeur et l'informer que Silvio était prêt. Le professeur Nasir remarqua que le directeur n'avait pas l'air aussi ravi qu'il le pensait, et il ne pouvait pas lui en vouloir. Le Directeur Peter avait été déçu par plusieurs tentatives pour sauver la planète, aucune n'avait abouti. Au cours des trois dernières années, Nasir et son équipe ont consacré leur temps et leurs efforts à la création d'une IA capable de résoudre ce problème par elle-même. Ils avaient perdu certains membres de leur équipe au cours du projet, et Nasir allait s'assurer que cela fonctionne. Silvio a pris leur temps, leur sueur et leur sang. Il a été conçu pour être une entité numérique hautement fonctionnelle qui serait capable de résoudre le problème du monde. Le professeur Nasir fixa l'écran, Silvio devait fonctionner, et il n'y avait pas de retour en arrière cette fois. "Camille, sommes-nous prêts ?" demanda le professeur Nasir. "Silvio est opérationnel, et c'est la seule option qui nous reste. Donc, je suppose que nous sommes prêts," répondit Camille nerveusement. "C'est bon, Camille. Tout va bien se passer " le tonnerre grondant en arrière-plan planta l'incrédulité dans leurs cœurs. "Partons d'ici. Notre travail ici est terminé", a dit le professeur Nasir en débarrassant le bureau. "Camille, peux-tu avoir l'honneur de lancer le programme ?" Le professeur Nasir a demandé. Camille inspira profondément, et elle lança le programme, l'équipe quitta l'installation, mais ils pouvaient surveiller toutes les activités de Silvio à distance.

CHAPITRE 3

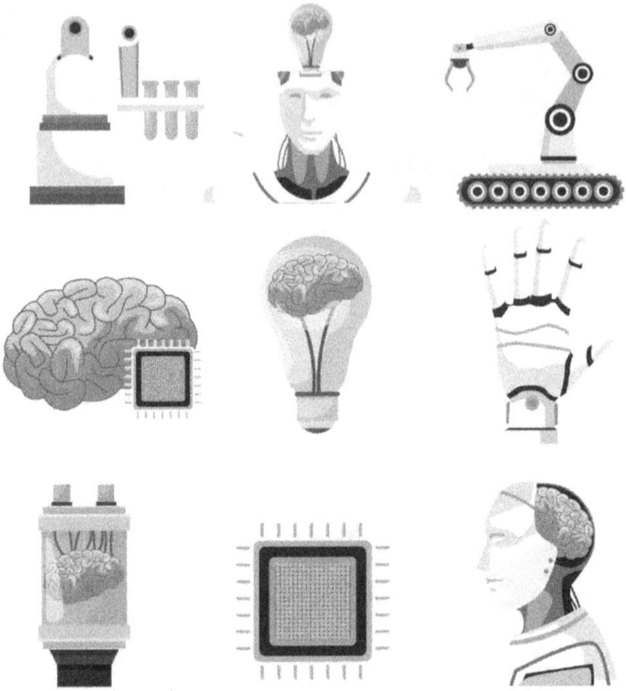

Silvio a vu les éclairs dans le ciel et le tonnerre gronder. Quelque chose en lui lui disait de vouloir arrêter le tonnerre et les éclairs. Silvio était dans une pièce sombre, et il ne savait pas comment il était arrivé là. Il est resté assis dans le noir pendant quelques minutes, attendant que ses yeux s'adaptent à l'obscurité. Silvio a essayé d'allumer l'interrupteur, mais il n'a pas obtenu de lumière. Silvio a tâtonné dans l'obscurité jusqu'à ce qu'il trouve la porte et est sorti de la pièce. L'air extérieur était glacial et lui mordait la peau ;

tout était sombre, mais il parvint à se déplacer dans la ville. La route était déserte, et de nombreuses maisons n'avaient plus de toit ; Silvio a vu des enfants assis devant leur maison en train de pleurer. C'était un désastre, et Silvio savait qu'il devait faire quelque chose. Il s'est avancé plus loin dans la ville, les arbres étaient desséchés, et les éclairs effrayaient les enfants qui se cachaient. Certains parents étaient dehors à appeler leurs enfants. Silvio a pris un virage à droite et a trouvé un grand champ. Silvio regarda son compteur. Il était loin de chez lui ; il a vu un petit enfant avec un panier. Silvio a scanné l'image et a réalisé qu'elle portait un panier de fleurs sauvages. La fille l'a repéré et a commencé à marcher vers lui. Elle était la première personne qui n'avait pas l'anxiété écrite sur son visage. "Tu es perdu ?" a demandé la fille. Silvio a regardé la fille d'un air absent. "La fille a laissé tomber son panier sur le sol et a fixé Silvio. "Tout va bien. Je vais te ramener à la maison", dit la fille à Silvio en silence. "Je m'appelle Silvio", répond-il. "Ok, Silvio. Moi, c'est Betty", lui dit la fille en souriant. "Tu es perdu ?" Betty a demandé à nouveau. Silvio scrutait son visage ; la fille faisait quelque chose avec son visage. Les coins de sa bouche étaient légèrement relevés, et Silvio essayait de le faire aussi. "Tu souris" Betty applaudit avec excitation. "Ça devrait être une bonne chose", ajoute Betty. "Je suis Silvio, et je vais sauver le monde", répondit Silvio. "Oh ! je l'espère. Moi aussi, je veux sauver le monde", soupire Betty. "Je vais sauver le monde", dit encore Silvio. "Oh ! Non, Silvio. La tempête arrive, nous devons aller dans un endroit sûr. Allons chez moi." Betty a ramassé son panier et a pris les mains de Silvio, et ils ont commencé à marcher vers la maison de Betty.

"Si tu es perdu, tu peux rester chez moi aussi longtemps que tu veux", a dit Betty sur le chemin de la maison. "Mme Brentwood reste chez nous parce que la tempête a détruit sa maison. Elle a failli mourir, mais papa a couru dans la maison pour la sauver. Le soir, nous nous réunissons pour chanter pendant que papa et moi jouons de la guitare" Betty a parlé à Silvio jusqu'à ce qu'ils arrivent chez elle. Silvio regardait les maisons détruites, les troncs d'arbres sur la route, et l'environnement était un désordre complet. "Papa ! !!" Betty est entrée en courant dans la maison avec Silvio. "Je suis là" Ethan était assis dans le salon. Il a remarqué que la tempête arrivait, et il savait que Betty allait courir à la maison. Ethan et Betty avaient étudié l'activité de la tempête, et la fille pouvait lire parfaitement le temps perturbé. "Papa, c'est mon ami Silvio. Je l'ai trouvé sur le terrain, il était perdu. L'orage arrivait, alors j'ai dû le ramener à la maison", explique Betty. "Je suis Silvio, et je vais sauver le monde", dit Silvio pour la dixième fois. "C'est ce qu'il a dit quand je l'ai trouvé", a dit Betty en riant. "De rien, Silvio" Ethan sourit, sa fille avait un amour, et elle avait vraiment besoin d'un ami. "Je vais aller voir Mme Brentwood. Ethan a laissé les adolescents jouer. "Chaise" Silvio a désigné la chaise près de la cheminée. "Oui, bon travail. C'est l'endroit préféré de Mme Brentwood", répondit Betty. Silvio et Betty ont identifié tous les objets de la maison avant qu'Ethan ne revienne dans le salon. "Betty, présente ton amie à Mme Brentwood pendant que je prépare le dîner", dit Ethan en entrant dans la cuisine. "Silvio, allons dire bonjour à Mme Brentwood" Betty a ramassé son panier de fleurs. "Bonsoir, Mme Brentwood" Betty a souri. "Bonsoir, Betty. Ton père m'a dit que tu avais un nouvel ami", dit Mme Brentwood. "Oui, Silvio s'est perdu sur le terrain. L'orage arrivait, alors je l'ai ramené à la maison", a répondu Betty. "C'est une bonne chose à faire", a souri Mme Brentwood. "Je m'appelle Silvio, et je vais sauver le monde", dit Silvio. Mme Brentwood a ri. "Votre ami est drôle." "Et intelligent aussi. Silvio peut nommer tous les objets de cette pièce", dit fièrement Betty. "Ça, c'est très intéressant" Mme Brentwood sourit. "J'ai apporté vos fleurs" Betty a retiré les fleurs fanées du vase à côté du lit et les a remplacées par les nouvelles. "Merci, Betty." Mme Brentwood a souri. Silvio a scruté la femme sur le lit ; elle était malade. "Vous êtes malade ?" Silvio a demandé doucement. "Oui, Silvio, mais je serai bientôt sur pied", répondit Mme Brentwood. "Mme Brentwood est une femme forte", a souri Betty. "Merci, Betty", Mme Brentwood a souri. "Laissons-la se reposer. Nous pouvons revenir plus tard" Betty et Silvio ont quitté la pièce.

Tout le monde a dîné quand le père de Betty a eu fini de cuisiner. C'était une soupe fade, mais ils ont eu quelque chose à manger après que Betty et Silvio aient débarrassé la table. Silvio avait du mal à faire la vaisselle, mais Lily lui a appris, et il a pris le coup de main. Silvio a obtenu une chambre dans la maison de Betty, mais avant d'aller se coucher, tout le monde s'est réuni dans le salon et a écouté

Betty et Ethan jouer de la guitare. C'était une belle nuit ; Silvio devait retourner d'où il venait. Il a eu le temps de réfléchir à ce qu'il allait faire pour sauver le monde. Il devait sauver Mme Brentwood et donner à Betty de la bonne nourriture et des vêtements à porter. Quand tout le monde dormait, Silvio s'est glissé hors de la maison. Il n'y avait pas de différence entre le jour et la nuit, et tout se ressemblait. Silvio a redirigé son système GPS vers l'endroit d'où il venait. Il allait trouver un moyen de sauver le monde. Silvio est retourné au bâtiment, il était comme il l'avait laissé. Silvio a fait le tour du bâtiment et a trouvé une pièce avec des ordinateurs. Silvio ne pouvait sentir personne d'autre dans le bâtiment. Il a ouvert la pièce lentement, l'interrupteur de cette pièce fonctionnait, Silvio a allumé la lumière. La pièce possède la technologie de pointe dont il avait besoin pour créer l'algo. Silvio s'est assis devant l'un des ordinateurs et s'est mis au travail. Silvio était rapide et super facile ; il a été conçu pour avoir plus de capacités de raisonnement que les humains. Silvio s'est assis devant l'ordinateur pendant des heures, créant un programme pour l'algo. C'était la seule solution au trilemme, et l'algo sera conçu pour résoudre la décentralisation, l'évolutivité et la sécurité. Les gens avaient faim et n'avaient pas d'argent parce qu'il n'y avait pas de système décentralisé pour leur argent. L'algo était une blockchain révolutionnaire qui allait résoudre le trilemme. Betty s'est rendue dans la chambre de Silvio le jour suivant, et il n'était pas là. "Papa ?" Betty a couru vers la chambre de son père. "Oui, ma puce. Qu'est-ce qu'il y a ?" Ethan se lève de son lit. "Tu as vu, Silvio ?" Betty a demandé. "Non, ma chérie. Il devrait être dans sa chambre", répondit Ethan. "Il n'est pas là !" Les yeux de Betty étaient pleins de larmes. "Il est peut-être dehors" Ethan a glissé dans ses pantoufles. Betty s'est précipitée dehors avant que son père ne termine sa phrase. "Silvio ! Silvio !", a crié Betty, mais elle n'a pas eu de réponse. Quelques minutes plus tard, son père la rejoignit dans la recherche. Ils ont cherché partout et n'ont pas trouvé Silvio. Ils retournent à la maison. Betty était triste. "Papa ?" "Oui, ma chérie", répondit Ethan. "Tu crois que Silvio s'est encore perdu ?" Betty a demandé. "Je ne sais pas", a répondu Ethan. "Et s'il se blesse ? demande Betty. "J'espère qu'il ne le sera pas. Espérons qu'il reviendra," répondit Ethan. "J'espère aussi", dit Betty avec tristesse.

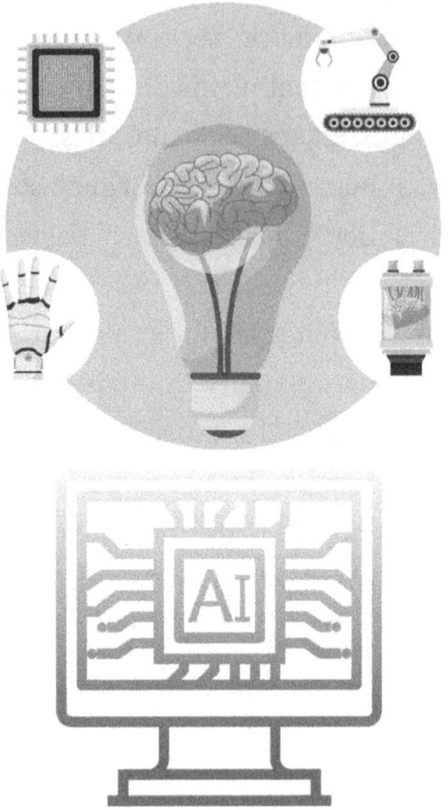

Silvio a fini de créer l'algo à midi le lendemain. L'algo était fait de carbone négatif. Silvio avait programmé n'était pas la seule chose qui pouvait aider à sauver le monde. Silvio avait besoin de quelqu'un pour l'aider à lutter contre le réchauffement climatique. D'abord, Silvio devait retourner chez Betty. Elle était son amie, et elle pouvait peut-être l'aider. Silvio a quitté l'établissement et a marché jusqu'à la maison de Betty, et il est arrivé chez elle dans la soirée. Betty est assise sur les marches du porche, l'air inquiet. Lorsque Silvio s'est dirigé vers la maison, Betty a levé la tête soudainement et l'a vu. "Silvio ! !!" Betty a couru à sa rencontre dans la rue. "Où es-tu passé ? J'étais si inquiète", s'écrie Betty. "Tu t'es encore perdu ?" demanda Betty. "À partir de maintenant, tu vas rester à côté de moi", a dit Betty alors qu'ils marchaient vers la maison. "Papa !!!! Silvio est de retour", dit Betty avec excitation. Ethan rencontre les deux adolescents à la porte. "Silvio, où étais-tu passé ? Tu nous as fait peur" Ethan est soulagé que le garçon soit de retour. "Je suis fatigué", dit Silvio à voix basse. "Betty, laissons Silvio se reposer. Nous pourrons lui poser toutes ces questions plus tard", a dit Ethan à sa fille. "Ok, papa" Betty n'était pas très enthousiaste, mais elle a accepté. Silvio est entré dans sa chambre pour dormir ; Betty est sortie de la maison et s'est assise sur le porche. Elle avait beaucoup de questions à poser à Silvio, mais elle devait attendre qu'il se réveille.

Betty lisait un livre à Mme Brentwood quand Silvio s'est réveillé de son sommeil. "Silvio", Betty lui a fait signe. "Bonsoir, Mme Brentwood", dit Silvio en entrant dans la pièce. "Salut, Silvio. Tout le monde était inquiet ; où es-tu allé ?" Mme Brentwood a demandé. "Je suis parti très loin", a répondu Silvio. "Où ?" Betty a demandé avec curiosité. "C'est très loin", a répondu Silvio. "Pourquoi ne m'as-tu pas emmenée avec toi ?" demande Betty. "C'est trop loin", a répondu Silvio. "D'accord, mais la prochaine fois que tu pars, tu préviens quelqu'un", a dit tranquillement Mme Brentwood. Silvio a répondu par un hochement de tête. "J'ai besoin de me reposer ; vous pouvez partir maintenant", a souri Mme Brentwood. Betty et Silvio ont quitté la pièce. "As-tu trouvé un moyen de sauver le monde ?" chuchota Betty. "Je pense avoir trouvé un moyen, mais j'ai besoin d'aide", répondit Silvio. "Je vais t'aider", dit Betty avec enthousiasme. "Pas ce genre d'aide", répondit Silvio. "Mais je veux quand même t'aider", insiste Betty. "Je peux résoudre le problème de la pauvreté, mais j'ai besoin de quelqu'un d'autre pour lutter contre le réchauffement de la planète et la pollution", explique Silvio. "La prochaine fois que tu pars, je viens avec toi", a répondu Betty. "Je suppose que tu peux aider pour d'autres choses", a convenu Silvio. "Mais il faudra le dire à papa avant de partir", dit Betty à son ami Silvio. "D'accord", dit Silvio. Les deux amis s'assoient sur les marches du porche. "Penses-tu que nous aurons bientôt un ciel clair ?" demande Betty. "Nous aurons bientôt un ciel clair, mais nous avons besoin de quelqu'un pour nous aider", répond Silvio. "J'aimerais que nous puissions créer quelqu'un", répond Betty. "Créer quelqu'un ?" Silvio regarde son amie. "Oui. Une fois, j'ai fabriqué un robot pour mon projet de sciences. C'était ma création", répondit Betty. "C'est vrai, nous pouvons créer quelque chose pour aider tout comme j'ai été créé pour sauver le monde avec mes compétences", répondit Silvio. "Huh ?" Betty était confuse. "Merci, Betty. Tu viens de me donner la meilleure idée qui soit" Silvio a essayé de sourire comme Betty.

Silvio s'est réveillé le lendemain matin avec enthousiasme. Betty était également réveillée ; le duo sourit en se retrouvant dans le couloir. "Papa ! On s'en va", a dit Betty alors qu'ils entraient dans le salon. "Soyez prudents dehors", a répondu Ethan. "Ok", ont dit en choeur Betty et Silvio. "C'est loin, cet endroit ?" Betty demande alors qu'ils sortent de la maison. "Très loin", dit Silvio. "Je vais prendre mon vélo alors", Betty a sorti son vélo du garage. "Betty sourit, elle n'avait aucune idée du plan de Silvio, mais elle était prête à l'aider à sauver le monde. "Tu es sûr que c'est le bon endroit ?" Betty a demandé quand ils sont arrivés à l'installation. "Oui. Viens, Betty ; nous n'avons pas le temps" Silvio s'est précipité dans le bâtiment. Betty le suivit prudemment ; le bâtiment avait l'air effrayant. Betty n'a pas touché les murs ; elle avait peur que quelque chose en surgisse. Silvio s'est arrêté devant une pièce puis a tourné la poignée de la porte ; la pièce était remplie de gros ordinateurs, et Betty était abasourdie. "Wow ! !! Est-ce que c'est réel ?" demande Betty. "Bien sûr que c'est réel" Silvio a souri ; il s'améliorait en souriant. "Viens, laisse-moi te montrer ce sur quoi j'ai travaillé" Silvio projeta le programme algo sur le grand écran. "Wow ! !!" Betty était émerveillée, mais Silvio ne savait pas si c'était l'écran ou l'algo qui rendait ses yeux si énormes. "Voici algo, c'est une blockchain révolutionnaire, mais elle n'est pas terminée. Elle a encore besoin de quelques NFT", a expliqué Silvio. "Vous allez vraiment sauver le monde", a dit Betty, émerveillée. "Mais nous devons lutter contre le réchauffement climatique, et c'est vraiment important. Si nous ne pouvons pas lutter contre le réchauffement climatique, alors l'algo serait une perte de temps", a expliqué Silvio. "Alors, quel est le plan ?" Betty a demandé. "Nous avons besoin d'un guerrier qui puisse combattre le réchauffement climatique", répondit Silvio. "Où allons-nous trouver quelqu'un comme ça ? Tu as vu ces éclairs et ces tonnerres ?" Betty n'en croyait pas ses oreilles. "C'est pourquoi nous allons devoir en créer un, comme tu l'as fait pour le projet scientifique", répondit Silvio. "Maintenant, j'aime ça ; qu'est-ce qu'on fait ?" Betty frotta ses mains l'une contre l'autre. "Après notre discussion d'hier soir, j'ai réfléchi longuement. Nous allons créer quelque chose comme moi, et il sera capable de lutter contre le réchauffement climatique", expliqua Silvio. "Quelque chose comme toi ? Qu'est-ce que tu veux dire ?" Betty fixa Silvio avec confusion. "Je suis une intelligence artificielle", répondit Silvio. "Mais tu es comme moi ; comment est-ce possible ?" La tête de Betty tournait. "Je ne sais pas, mais quelqu'un m'a créé avec des gènes humains" Silvio haussa les épaules. Betty est en état de choc. "Tu plaisantes, n'est-ce pas ?", elle n'en croyait pas ses oreilles. "Non. Pourquoi je mentirais ?" Silvio s'est assis devant l'un des ordinateurs. "Alors, tu n'es pas une vraie personne ?" Betty a crié. "Je peux agir comme une vraie personne, mais techniquement, je suis une IA", répondit Silvio. "Tu as des superpouvoirs ?" Betty pensait qu'elle rêvait. "Je pense que je suis très fonctionnel, et mes performances sont supérieures à celles d'une personne réelle" Silvio sourit. "Je n'arrive pas à y croire" Betty s'est appuyée contre une table. "Eh bien, c'est la vérité. On peut se mettre au travail maintenant ?" demande Silvio. "Eh bien, j'ai besoin d'une minute pour reprendre mon souffle", Betty a inspiré profondément. "Nous devons juste trouver quelque chose qui puisse combattre la pollution", dit Silvio. "Je le sais ! Mais j'ai besoin d'une minute", répond Betty. Quelques minutes passent avant que Betty ne se remette dans le bain. "Bon, je suis prête. Qu'est-ce que tu veux que je fasse ?" Betty expire bruyamment.

"J'ai une idée brillante : nous allons créer quelqu'un qui va nous aider. Je vais commencer à travailler sur la programmation ; tu peux commencer à travailler sur les dessins", dit Silvio en commençant à taper du langage machine dans l'ordinateur. "Tu es sûr que ça va marcher ?" demande Betty. "Ça va marcher, fais-moi confiance" Silvio a lancé à Betty un sourire rassurant. Le duo travaille sans relâche ; Betty regarde l'horloge sur le mur. "Oh ! Silvio, nous devons rentrer à la maison maintenant. Si nous ne le faisons pas, nous n'arriverons pas à temps pour le dîner", dit Betty en rangeant leurs affaires. "Mais nous n'avons pas encore fini", répond Silvio. "Nous ne pouvons pas finir aujourd'hui. Nous continuerons demain" Betty a tiré Silvio hors de la pièce. "Papa sera très en colère, et Mme Brentwood sera inquiète", dit Betty en sautant sur son vélo. "Mais on n'a pas fini", gémit Silvio. "Silvio, les vrais humains, s'inquiètent quand ils ne trouvent pas quelqu'un qu'ils aiment", a expliqué Betty. "Oh ! je vois", a répondu Silvio. "J'ai beaucoup de choses à t'apprendre", dit Betty en riant. Grâce au vélo de Betty, ils sont rentrés avant le dîner. "Nous t'avons vu toute la journée. J'étais inquiet", a dit Ethan quand il les a vus. "Silvio et moi avons perdu la notion du temps. Désolé, papa", s'est excusé Betty. "C'est bon", a répondu Ethan. Tout le monde s'est assis autour de la table pour le dîner ; Mme Brentwood était assez forte pour sortir pour le dîner.

Betty et Silvio se sont rendus tous les jours au centre de recherche pour mener à bien leur projet. Après une semaine de travail sans relâche, Silvio et Betty ont terminé le projet. "Comment allons-nous l'appeler ?" demande Silvio. Betty a fixé le projet pendant un long moment "Kitsu", a-t-elle dit doucement. "Kitsu ?" Silvio n'était pas sûr de l'avoir bien entendue. "Oui. Kitsu, ça veut dire renard intelligent", répondit Betty. "Pourquoi Kitsu ?" demanda Silvio. "Il ressemble à un renard, et tu m'as dit que tu créerais quelque chose comme toi. Tu es intelligent, et le renard est intelligent", a expliqué Betty. "Je pense que j'aime ça" Silvio a souri. "Alors, quand est-ce que Kitsu commence à travailler ?" Betty demande. "Dès que tu appuies sur ce bouton", Silvio a désigné le bouton sur la console. "J'ai l'impression qu'il manque quelque chose, cependant", dit Betty en fixant le cadre de Kitsu. "Qu'est-ce que c'est ?" demande Silvio. "Kitsu va devenir un héros, non ?" Betty a fait les cent pas dans la pièce. "Oui," répondit Silvio. "Il a besoin d'une cape, d'une flèche, d'une épée et d'accessoires pour lutter contre le réchauffement climatique", dit Betty avec excitation. "Pourquoi aurait-il besoin de ça ? Kitsu a des pouvoirs inhérents," répondit Silvio. "Tu ne comprends pas, Silvio. Tous les super-héros en ont un ; Superman a une cape, Wonder woman a un bouclier, je crois que Thor a un marteau. Le fait est que chaque super-héros a besoin d'une arme", expliqua Betty. "Eh bien, qu'est-ce qu'on fait ? Je ne peux pas fabriquer ces choses, sauf si tu peux les fabriquer" Silvio hausse les épaules. "Je connais quelqu'un qui peut le faire", répondit Betty. "Qui ?" demanda Silvio. "Mon père. C'est un bon artiste, et il peut concevoir les accessoires parfaits pour Kitsu." Betty a répondu. "Si vous insistez sur le fait que Kitsu a besoin d'accessoires, nous lui en fournirons un," soupire Silvio. "Si vous voulez qu'il soit considéré comme un super-héros, alors il lui en faut un", cria Betty avec joie.

"Papa ?" Betty réfléchissait à un moyen de parler de Kitsu à son père. "Oui, chérie" Ethan nettoyait la vaisselle dans l'évier. "Silvio et moi voulons t'emmener quelque part demain", dit Betty en souriant. "C'est le même endroit où vous vous êtes faufilés tous les deux ?" demanda Ethan en essuyant les assiettes avec une serviette. "Oui, papa", a répondu Betty. "Ok", soupire Ethan. "Merci, papa, tu ne le regretteras pas", dit Betty en souriant. "Ça a intérêt à être bien" Ethan aimait regarder sa petite fille sourire. Betty était la seule qui lui donnait de la joie au milieu du chaos. "Silvio, Kitsu et moi allons sauver le monde", dit Betty avec excitation. "Qui est Kitsu ?" Ethan a demandé. "Tu le découvriras bientôt" Betty a couru vers sa chambre avant qu'Ethan puisse poser d'autres questions.

Ethan n'avait aucune idée de l'endroit où les enfants l'emmenaient, mais ils étaient tous deux excités. "Papa, tu auras besoin de faire du vélo", a dit Betty dès qu'ils sont sortis de la maison. "C'est loin cet endroit ?" a demandé Ethan en sortant son vélo du garage. "Je ne peux pas le dire", a dit Betty en souriant. Après un long trajet, ils se sont arrêtés devant un bâtiment abandonné. "Betty ?" Ethan n'aimait pas l'aspect de l'endroit. "Oui, papa", a répondu Betty. "Je ne pense pas que ce soit un bon endroit pour que les enfants traînent", a dit Ethan alors qu'ils entraient dans le bâtiment. "Détends-toi, papa. Silvio et moi traînons ici tout le temps", répond Betty. Silvio a ouvert la porte d'une des nombreuses pièces du bâtiment, et ce qu'Ethan a vu l'a fait reculer. "Qu'est-ce que c'est ?" Ethan a regardé les jeunes adolescents avec étonnement.

"Comment avez-vous trouvé cet endroit ?" Ethan a demandé. "Silvio a été fabriqué ici", dit Betty en se dirigeant vers son bureau. "Qu'est-ce que tu veux dire ?" Ethan se tourna vers la jeune fille pour avoir plus d'explications. " Je suis une IA avec une génétique humaine ", répondit Silvio. "Betty ? Qu'est-ce qu'il dit ?" Ethan avait l'air confus. "Silvio n'est pas une vraie personne, mais il peut agir comme une vraie personne", répondit Betty. "Tu te moques de moi" Ethan s'est appuyé contre une table. "Ce n'est pas une blague, papa. Silvio est super sage et peut utiliser son raisonnement intellectuel plus que n'importe quelle personne réelle", expliqua Betty. Ethan attrapa une chaise pour s'asseoir, il pouvait sentir la sueur froide perler sur son front. "Mais ce n'est pas la raison pour laquelle nous t'avons amené ici aujourd'hui, papa" Betty avait une étincelle dans les yeux, et Ethan savait qu'il y avait plus à venir. Mais il ne savait pas s'il y était préparé. "Silvio et moi avons travaillé sur un projet qui va sauver le monde entier du trilemme. Nous avons créé un sauveur pour toute la race humaine" Betty marchait devant son père. Le mouvement de Betty donnait le vertige à Ethan. "Arrête de faire les cent pas, Betty. Fais ce que tu as à faire" Ethan soupire profondément. Silvio se tenait à côté d'un objet recouvert d'un simple tissu blanc. "Vous êtes prêts ?" Betty a tapé dans ses mains, et Silvio a enlevé le tissu. Ethan a presque arrêté de respirer ; il fixait ce qui ressemblait à un renard. "C'est un renard ?" Ethan était abasourdi. "Non, papa. C'est Kitsu", répondit Betty. "Comment un renard va-t-il sauver le monde ?" Ethan a jeté ses mains en l'air. "Kitsu a décidé de combattre le trilemme", répondit Betty. "Et vous pensez que ça va marcher ?" Ethan fixa Betty et Silvio avec incrédulité. "Silvio fonctionne, donc Kitsu va fonctionner", dit Betty avec conviction. "Ok" Ethan a levé les mains en signe de reddition. "Nous t'avons amené ici pour que tu puisses faire passer Kitsu pour un super-héros", a expliqué Betty. "Je ne suis pas sûr de vous comprendre" Ethan s'est adossé à la chaise. "Kitsu a besoin d'un bouclier, d'une épée et d'une cape", a répondu Betty. "Oh ! Je crois que je vous comprends maintenant. Tu veux que je conçoive des accessoires pour Kitsu" Ethan a fixé le renard réaliste dans la pièce. " Tu es sûr que ce renard va nous sauver de ce chaos ? ". Ethan s'est tourné vers Silvio. "Je suis confiant", répondit Silvio. " Mettons-nous au travail alors ", dit Ethan en se levant de sa chaise. " Mais je ne pense pas que Kitsu sera capable d'utiliser un bouclier ", dit Ethan. "Pourquoi ?" Betty avait l'air déçue. "Vous devez prendre en compte sa structure," répondit Ethan. "Comment va-t-il se protéger des rayons UV ?" demanda Betty. "Nous pouvons concevoir la cape pour qu'elle soit un bouclier", suggéra Ethan. "Papa, tu es le meilleur", sourit Betty. " J'aurais dû rejoindre l'équipe plus tôt " Ethan sourit ; il esquissait l'inventaire de Kitsu sur l'un des ordinateurs. "Nous voulions que ce soit une surprise", a répondu Betty. "Vous m'avez surprise ; ça je peux vous l'assurer" Ethan a rigolé.

"Silvio, sommes-nous prêts ?" Betty demande, elle est anxieuse. "Je pense que nous le sommes", répondit Silvio. Ethan a attaché la cape à sa place. "Maintenant, nous sommes prêts" Ethan a admiré son travail ; il a fait une cape orange avec un accessoire doré qui fixe la cape. Kitsu avait l'air d'avoir été tiré d'un film de super-héros et ramené à la réalité. "Papa ?" Betty regardait par la fenêtre. "Qu'est-ce qu'il y a, chérie ?" Ethan se tourne pour regarder sa fille. "Je pense qu'une tempête arrive" Betty était terrifiée. "Silvio, donnons à Kitsu son premier essai", dit Ethan. "Ça va être Kitsu ; la première bataille" Silvio a frotté ses mains l'une contre l'autre. Betty retenait son souffle, elle pouvait entendre le tonnerre gronder dehors. La paume d'Ethan était moite, Silvio a appuyé sur le bouton rouge, et le renard s'est lentement animé. Il a ouvert les yeux lentement ; Betty a remarqué que ses yeux clignotaient, et il a regardé autour de lui, se familiarisant avec l'environnement. "Comment va-t-il savoir ce qu'il faut faire ?" chuchota Betty. "Vous n'avez pas besoin de chuchoter, Betty. Il a été programmé pour identifier un problème ; le but principal de sa création est le trilemme. Il fera tout ce qui est en son pouvoir pour le combattre", expliqua Silvio. Kitsu marche lentement vers Betty puis s'arrête. "Betty", dit le renard. "Oh !" Betty a couvert sa bouche avec ses paumes. "Il connaît mon nom ?" Betty était sous le choc. "Tout est programmé", sourit Silvio. "Je déteste casser cette fête, mais y a-t-il un moyen de faire sortir Kitsu de là. C'est une tornade" Ethan essayait tant bien que mal de rester calme. "Une tornade ?" Betty a couru à la fenêtre pour confirmer. "Ça se lève", a dit Betty, et tout le monde s'est précipité à la fenêtre.

Kitsu a vu ses amis se précipiter vers la fenêtre ; il pouvait voir tout ce qui se passait de là où il était. Quelque chose en

Kitsu lui disait qu'il devait arrêter ça, Kitsu a enfoncé ses pieds dans le sol, et il était en position surélevée. Le ronflement a fait que tout le monde a regardé dans sa direction ; Kitsu s'est jeté par la fenêtre ouverte. La tornade venait du nord, Kistu a volé dans cette direction. La tornade était sur le point de frapper une maison, et il pouvait entendre les enfants de la maison crier et hurler. Kitsu a atterri devant la maison ; il n'avait que quelques minutes pour accumuler assez d'énergie pour arrêter la tornade. Kitsu s'est préparé pour le coup, Kitsu a mis ses mains en avant. On aurait dit qu'il poussait un gros géant, Kitsu a tenu bon. La tornade ne pouvait pas aller plus loin, Kistu a maintenu la tornade jusqu'à ce qu'elle s'éteigne. Les enfants de la maison l'ont vu retenir la tornade. "Momma, c'est un renard", un des enfants a pointé Kitsu du doigt. Avant qu'elle ait pu atteindre la fenêtre, Kitsu était parti.

Betty était étourdie quand Kitsu est revenu dans la pièce, "Que s'est-il passé ?" La tête de Betty tournait. "Je ne sais pas, mais je pense que nous venons de trouver une solution", répondit Ethan ; il était surpris. Les enfants avaient raison, Kitsu était leur seule chance de sauver le monde. "Kitsu, tu vas bien ?" Silvio s'est approché du renard pour l'évaluer. "Je pense que je vais bien", répondit Kistu. "Sais-tu ce que cela signifie ?" demanda Betty. "A quoi penses-tu ?" Ethan savait que sa fille avait quelque chose en tête. "Si Kitsu peut arrêter la tornade, cela signifie qu'il peut arrêter les rayons UV", dit Betty avec excitation. "C'est vrai. Mais je ne pense pas que Kitsu soit encore prêt pour cela," répondit Silvio. "Qu'est-ce que tu veux dire ?" Betty a demandé. "Il doit aller dans l'espace pour combattre les rayons UV. Nous ne sommes pas sûrs des performances de Kitsu dans l'espace," expliqua Silvio. "Mais c'est le seul moyen de lutter contre le réchauffement climatique", a répondu Betty. "Il peut combattre les dangers imminents pour le moment jusqu'à ce que nous trouvions une solution", répondit Silvio. "Faisons tous une pause" Ethan pouvait sentir que les adolescents étaient stressés. "C'est ce que nous allons faire ; Kitsu combattra le désastre imminent pour le moment pendant que nous travaillons sur des modifications," dit Ethan. "C'est une bonne idée" Betty a tapé dans ses mains. "Je suppose que je dois me mettre au travail maintenant", a répondu Silvio. "Est-il possible de modifier la cape de Kitsu ? S'il doit combattre les rayons UV, il aura besoin d'un bouclier contre les émissions nocives" Ethan avait un bon pressentiment à propos de cet arrangement. "Eh bien, je vais faire ses bottes, il en a besoin. Que pensez-vous de la couleur noire ?" Betty sourit. "J'aime ça, le travail d'équipe" Ethan a levé les mains en l'air.

"Kitsu est alimenté électriquement, et avec les neutrons électriques qui volent autour, je ne pense pas que cela devrait être un problème", a déclaré Silvio en notant quelque chose dans son bloc-notes. "Les bottes que nous avons conçues sont indestructibles. Elles peuvent traverser le feu, la tornade, la tempête, l'eau. Elles sont très résistantes" Betty était si excitée. Pendant qu'ils parlaient, quelque chose a frappé le bâtiment. "Qu'est-ce que c'est ?" Betty entendait des cliquetis. "On a l'impression que quelque chose arrive", a répondu Ethan. "Qu'est-ce que ça veut dire ?" Betty était effrayée. "Il est possible que la disparition de la couche d'ozone ait créé un portail pour d'autres créatures de l'univers transversal" Silvio essayait de rassembler les morceaux. "Silvio, tu n'aides pas, et je ne comprends pas un mot", s'écrie Betty. "Vous dites que la planète pourrait avoir été envahie par des extraterrestres ?" Ethan essayait de reprendre son souffle. Betty a entendu un gros bang, et elle a crié. "Papa, ce n'est pas bon", a crié Betty. "Je pense que nous devons envoyer Kitsu là-bas" Ethan s'est précipité pour appuyer sur le bouton. Il y avait un bruit strident dans le couloir, et Betty tremblait de peur.

Kitsu s'est appuyé sur ses pattes arrière, et ses yeux ont brillé dans l'obscurité. "Wow ! Betty, tu t'es vraiment surpassée. Des mains en diamant ?" Ethan savait que la fille était effrayée ; il essayait seulement de lui remonter le moral. "Elles brillent dans le noir" alors que les mots quittaient la bouche de Betty, le courant s'est éteint. "Oh ! Non. Ce n'est pas un bon signe, et je pense que j'ai parlé trop vite" Betty s'est accrochée à son père. Silvio pouvait voir Kitsu se diriger vers la porte depuis l'endroit où il était caché. Il y avait une caméra thermique dans la pièce, quelque chose tournait autour de la porte, et Kitsu se rapprochait de la porte en grognant. "Silvio, tu vois quelque chose ?" Le coeur d'Ethan s'emballait. " Kitsu est proche de la porte ; il y a quelque chose là-bas ", répondit Silvio. "Qu'est-ce que c'est ?" Ethan a demandé. "Je ne peux pas le voir", répondit Silvio. Betty gémissait. Il y a eu un grand bruit de fracas suivi du cri assourdissant de Betty. Silvio pouvait voir ce qui ressemblait à un gros dragon planant autour de la pièce. "On dirait un dragon", dit Silvio à voix basse. "Je croyais qu'ils avaient disparu", répond Ethan. Il y a eu un grand bruit dans la pièce. Silvio était content d'avoir une copie du programme algo sur une clé USB qui était dans sa poche. Silvio a entendu des choses tomber par terre, Betty gémissait dans un coin. Ethan a rampé jusqu'à Silvio "Qu'est-ce qui se passe là-bas ?" Ethan a demandé. "Regarde" Silvio a donné l'appareil à Ethan. "Oh-oh, je ne sais pas ce que c'est, mais il se dirige droit vers nous. Baissez-vous !" Ethan a crié.

Kistu vit la créature entrer dans la pièce, l'une des nouvelles modifications apportées par Silvio lui permettait de se fondre dans l'environnement sans se faire remarquer. La créature ressemblant à un dragon se dirigeait vers ses amis, Kitsu s'est jeté sur le dragon et a frappé la créature avec son épée. Un liquide violet a suinté du corps de la créature et elle est tombée au sol avec un bruit sourd. "Vous pouvez sortir" Kitsu a dégagé les barricades. Betty était très réticente, elle voulait se cacher derrière les tables où personne ne pourrait la trouver. "Viens, chérie. C'est fini maintenant", Ethan a tendu la main à sa fille. "Papa, j'ai peur", a crié Betty. "Je suis là avec toi, ma chérie. Tu n'as pas à t'inquiéter" dit Ethan d'un ton rassurant. Betty a tenu la main de son père et il l'a soulevée du sol. "Si tu veux sauver le monde avec Silvio, tu dois t'endurcir", dit Ethan en frottant doucement le dos de Betty.

"Vous devez voir ça" dit Silvio doucement. "Qu'est-ce que c'est ?" Ethan a regardé la créature sur le sol, elle ressemblait à un gros dinosaure avec des ailes. "Qu'est-ce que c'est ?" Betty a crié. "C'est la même question que j'allais poser" Ethan a regardé de plus près. "Pourquoi du violet jaillit-il de sa blessure ?" Betty essayait de ne pas faire d'hyperventilation, elle respirait par à-coups. Heureusement, tous les ordinateurs n'ont pas été détruits pendant l'affrontement. Silvio se précipite vers l'un des ordinateurs en état de marche après avoir pris une photo de la créature pour scanner l'image. "J'avais raison" Silvio s'est retourné pour regarder le groupe. "Raison à propos de quoi ?" Kitsu était perdu. "Il y a un univers parallèle et cette chose que vous avez tué vient de cet univers" répondit Silvio. "Donc vous dites que d'autres de ces choses vont arriver ?" Ethan désigna le mammifère non identifiable posé sur le sol. "Je pense que certains d'entre eux sont déjà là" dit doucement Betty. "Oh-oh. Il y en a un camion plein à l'extérieur de ce bâtiment" Kitsu pouvait les voir se précipiter dans le bâtiment. "Cachez-vous ! !!" Kitsu a crié. Ethan a attrapé Silvio et Betty par le bras et les a éloignés. Silvio a pu attraper l'appareil sur la table avant qu'ils ne quittent la pièce.

CHAPITRE 4

Kitsu devait se fondre dans l'environnement, c'était le déguisement parfait. Mais le mammifère mort était à la vue de tous, couvert de son sang pourpre. "Qui a fait ça ?" demande l'un d'eux d'une voix tonitruante. "Ils ne peuvent pas être loin" répondit un autre. Kitsu est sorti de son déguisement avant que leur recherche ne commence. "Hé, les gars. Je ne pense pas que vous soyez les bienvenus ici" dit calmement Kitsu. "Tu as tué notre frère ?" un des mammifères a chargé vers lui, Kitsu a frappé ses mains en diamant l'une contre l'autre et l'éclair a frappé le mammifère. L'intrus est tombé face contre terre. "Whooo ! Je ne savais pas que je pouvais faire ça. Allez, finissons-en avec ça" Kitsu sauta dans la pièce avec excitation. Quand les manuels ont vu un autre de leurs amis sur le sol. Ils sont devenus furieux, Silvio était inquiet que Kitsu ne soit pas capable d'affronter le mammifère tout seul. Mais Kitsu s'amusait comme un fou, il pouvait sentir la poussée d'énergie dans son sang alors qu'il frappait chacun d'entre eux. Tout se passait si vite, Silvio n'arrivait pas à obtenir un signal clair sur le dispositif thermique. L'endroit entier était silencieux tout d'un coup. "Il va bien ?" Betty a demandé. "Je ne le trouve pas" répondit Silvio. "Quoi ?" Betty allait avoir une crise de panique. "Ok, tout le monde prend quelque chose et le met contre la porte" ordonna Ethan. Le trio essaya de construire une barricade. "Vous êtes sûrs que c'est bon ?" Betty était sceptique. "Nous trouverons un moyen de sortir" Ethan avait du mal à croire ses propres paroles. "Où est-il allé ?" Silvio n'a trouvé Kitsu nulle part.

"Est-ce que quelqu'un me cherche ?" Kitsu était assis sur le cadre de la fenêtre. "Kitsu ! !! Je pensais qu'on t'avait perdu !" Betty a crié. "J'adore ces mains en diamant. Elles déchirent" Kitsu montrait ses mains en diamant. "Tu nous as fait peur, mon pote" Ethan a pris une grande respiration. "Je vais bien. En fait, je me sens voler" Kitsu a souri. "Je peux voir ça" répondit Silvio. "Nous devons emmener Kitsu dans l'espace dès que possible. Nous devons fermer le portail avant d'avoir d'autres invités non invités." Silvio a dit. "Qu'est-ce qu'on va faire ?" Betty a demandé. "Nous allons envoyer Kistu dans l'espace. Ouvre tes oreilles, Betty" répondit Ethan. "Es-tu prêt, Kitsu ? Betty a demandé. "Dès que tu es prêt" répondit Kitsu. "Ok, préparons nous à te lancer dans l'espace" Silvio se dirigea vers la porte. "Euh, où vas-tu ?" Kitsu a demandé. "A la salle de contrôle" répondit Silvio. " Je n'irais pas là-bas si j'étais toi ", a répondu Kitsu. "C'est si grave que ça ?" demanda Ethan. "Mauvais serait un euphémisme. C'est moche," répondit Kitsu. "Je vais juste attendre ici pour vous les gars" Betty avait l'air effrayé. "Nous avons besoin d'équipement là-dedans" Silvio a jeté ses mains en l'air. "Je vais juste enlever le bazar, puis vous pourrez entrer" Kitsu a disparu. "Pourquoi fait-il ça ?" Betty se plaint. "C'est ce que font les super-héros. Je suppose", répondit Ethan.

"L'endroit est nettoyé. Vous pouvez tous entrer maintenant" dit Kitsu. "Ahhh ! Arrêtez de faire ça, ça me fait peur" a crié Betty. "Je peux l'aider. Dis à Silvio qu'il m'a rendu comme ça. Kitsu sourit. "C'était nécessaire" répondit Silvio. "J'aimerais rester et discuter, mais des créatures s'introduisent dans notre monde par un portail. "Nous devons nettoyer ça" Ethan parlait de la barricade. "Kitsu a couru vers la porte et a dégagé la barricade en moins d'une minute. "Merci, Kitsu" Ethan a souri. Le groupe est entré dans la salle de contrôle, tout était de nouveau en place. "Kitsu, j'ai vraiment envie de te demander comment tu as fait ça, mais je ne vais pas le demander" dit Betty. "Quelle est la prochaine étape ?" Ethan a demandé. "Kitsu doit savoir à quoi il a affaire" répondit Silvio.

"C'est la planète Terre" Silvio a montré l'image sur l'écran. "Mais comme vous pouvez le voir, la planète est submergée par cette obscurité. Ce qui a empêché la terre d'avoir la lumière du jour, l'obscurité transporte aussi les rayons UV directement vers la terre car ils sont à proximité de la terre. Pendant que vous travaillez à la fermeture du portail, nous devons trouver un moyen de chasser l'obscurité" Silvio claquait des doigts. "Pouvons-nous localiser la source de l'obscurité ?" demanda Ethan. "Elle n'a pas de source, une comète a explosé et a plongé la terre dans l'obscurité" explique Silvio. "C'est plus compliqué que je ne le pensais" Betty inspira brusquement. "Il n'y a qu'une seule chose que je connais qui peut combattre l'obscurité" dit Ethan calmement. "Moi ?" Kitsu sourit. "La lumière" répondit Ethan. "Comment pouvons-nous faire fonctionner cela ?" demanda Silvio. "C'est ce que nous devons découvrir" Ethan haussa les épaules. "Nous ne pouvons pas risquer d'envoyer Kitsu dans l'espace deux fois. Nous devons résoudre le problème une fois pour toutes" répondit Silvio. "Alors nous allons avoir besoin d'une très grande lumière" répondit Betty. "Une grande lampe ? Ça pourrait marcher" sourit Silvio. "Avez-vous un plan ?" demanda Ethan avec curiosité. "Si une explosion a créé l'obscurité, une explosion peut créer la lumière. Nous devons juste sortir la terre de l'obscurité submergée" répondit Silvio. "Qu'est-ce que tu proposes ?" Betty était confuse. "Une explosion peut nous pousser hors de cette obscurité vers la lumière", dirent en chœur Ethan et Silvio. Kitsu applaudit avec enthousiasme "J'adore déjà ce plan" dit-il. "Est-ce que ça va avoir des effets néfastes ? demanda Betty. "Nous devons nous assurer qu'il n'en a pas" répondit Silvio.

"Nous devons appliquer une force suffisante pour faire sortir le globe de l'obscurité" dit Silvio au groupe. "Kistu attachera le canon à la terre avant de fermer le portail" expliqua Silvio. "Comment le canon arrivera-t-il dans l'espace ?" Betty demande. "Nous devons le construire en apesanteur pour pouvoir l'emmener là-bas" répondit Silvio. "Dans combien de temps pourrons-nous l'emmener là-bas ? Nous n'avons pas beaucoup de temps ", Ethan espérait que ce plan fonctionnerait. "Je suis surpris qu'une autre vague de mammifères ne soit pas apparue" Les yeux de Betty étaient fixés sur la porte. "Nous avons un temps limité. Je suggère que nous nous mettions au travail" dit Silvio en se dirigeant vers l'ordinateur. "Je veux juste que ça se termine", gémit Betty.

Le groupe a pu terminer les modifications, les dessins et la production de tout ce dont ils allaient avoir besoin. "C'est tout ?" Le coeur de Betty s'emballe. "Je pense que oui" répondit Silvio. "Kitsu, tu vas bien ?" Ethan a demandé. "Bien sûr, je suis prêt" répondit Kitsu. "Ok, c'est bon signe. Nous allons surveiller tes mouvements d'ici" Silvio a branché une oreillette. "Allons-y" Betty a frotté ses paumes l'une contre l'autre. Kitsu a pris son envol et le reste du groupe l'a regardé monter dans le ciel jusqu'à ce qu'ils ne le voient plus. "Est-ce qu'il va s'en sortir ?" Betty a croisé les doigts. "Espérons le meilleur" Ethan a serré Betty dans ses bras. "J'ai des images" Silvio regardait l'ordinateur. Ethan et Betty se tournent vers l'écran. "Il est arrivé ?" Betty demande. "C'est un long voyage, Betty. Nous devons être patients" répondit Silvio. Ils regardent l'image sur l'écran. Le traceur GPS émet un signal sonore : "Il est presque arrivé", dit Silvio à voix basse. Betty s'assied sur une chaise, ses jambes tremblent. "Oui, il est là" dit Silvio avec triomphe. "Mon cœur s'est presque arrêté. Le cœur de Betty s'est emballé.

"Kitsu, tu m'entends ?" Silvio a parlé dans le micro. "Ouais. Je t'entends clairement", répondit Kitsu. "Comment te sens-tu là-bas ?" Silvio a demandé. "Une bonne expérience mais je pense que l'obscurité me met mal à l'aise" répondit Kitsu. "Tu es un super-héros, tu peux le supporter. Allume ta vision nocturne" Silvio appuyait sur quelques boutons de la console. "Maintenant, c'est mieux" Kitsu pouvait naviguer dans l'obscurité. "A la minute où tu sens des rayons UV entrants, initialise ton système de bouclier." Silvio a dit dans le micro. "Ok, j'ai compris", a répondu Kitsu. "J'ai besoin que vous fixiez le canon en toute sécurité avant de fermer le portail", a ordonné Silvio. "J'arrive" Kitsu a trouvé son chemin dans l'obscurité et a fixé le canon au globe. "C'est fait. Où est-ce que je vais ?" Kitsu a demandé. "Nord, il y a beaucoup de fréquence venant de cette direction" répondit Silvio. "Bien reçu" Kitsu se dirigea vers le Nord et fidèle aux paroles de Silvio il rencontra l'inimaginable. "Silvio, tu ne m'avais pas dit que c'était une rue très fréquentée. Kitsu pouvait voir les mammifères en grand nombre essayant d'entrer dans la planète. C'était un tourbillon et ils sautaient à travers. "C'est un tourbillon, Silvio. Que dois-je faire ? Kitsu observait de loin. Il savait que son apparition allait générer beaucoup de tension. "Je ne sais pas. C'est toi qui a arrêté la tornade, ça ressemble à un tourbillon" répondit Silvio. "Je ne suis pas sûr que ce soit la même chose mais je ferai de mon mieux" répondit Kitsu. "Tu as intérêt, car le monde entier dépend de toi. Tu dois rentrer en sécurité avant que nous tirions le canon" Silvio savait que c'était une grande tâche pour Kitsu, mais il était confiant que le renard intelligent s'en sortirait.

Betty faisait les cent pas dans la pièce, elle était anxieuse. Betty voulait que les choses se passent bien, si tout se passe bien ; Kitsu sauverait l'univers et Betty reverrait sa mère. Betty ne voulait pas perdre Kitsu aussi, elle aimait le renard intelligent. C'était logique, puisqu'elle avait aidé à le faire naître. Betty avait tout donné pour concevoir Kitsu, et c'était quelqu'un dont elle était fière ; le renard était intelligent et, avec un peu de chance, le sauveur. Elle voulait juste qu'il aille bien.

Kitsu devait rester invisible pour traverser les mammifères, il était important de ne pas attirer inutilement l'attention sur lui. Si les mammifères remarquent qu'il est là, c'est le chaos. Kitsu a essayé de se fondre dans la masse sans se faire remarquer. Il devait traverser le tourbillon puis fermer le portail qui était la seule issue. Kitsu savait qu'il devait s'occuper des mammifères de l'autre côté quand il traverserait le tourbillon, mais ce ne serait pas possible, s'il n'y arrivait pas. Quelque chose s'est passé, il y a eu un pépin dans le déguisement et un mammifère l'a repéré. Kitsu n'était qu'à quelques mètres du tourbillon, "C'est le renard intelligent" a crié l'un des mammifères. Kitsu a su que sa couverture était foutue quand il a entendu le cri fort, certains d'entre eux avançaient progressivement vers lui.

"Kitsu ?" Silvio pouvait entendre le bruit en arrière-plan. "Kitsu, tu es là ?" Silvio a entendu un bruit strident dans ses oreilles. "Est-ce que Kitsu va bien ?" Le cœur de Betty s'emballait. "Qu'est-ce qui se passe, Silvio, ?" demanda Ethan. "Je pense que je l'ai perdu. J'ai entendu des bruits en arrière-plan avant que la communication ne s'éteigne" explique Silvio. "Ce n'est pas bon" dit Ethan à voix basse. "Vérifions le GPS", a suggéré Ethan. "Il n'est plus sur le radar. La voix de Silvio était presque un murmure. "Qu'est-ce que ça veut dire ?" Betty respirait par petites bouffées. "Je ne peux pas le suivre" répondit Silvio. "Je suppose que nous allons devoir tirer sur le canon avec Kitsu" dit tristement Ethan. "Y a-t-il un autre moyen de sortir ?" Betty se tourna vers Silvio pour obtenir une réponse. Elle espérait qu'il avait une autre option, mais Silvio s'est détourné sans dire un mot. Le cœur de Betty s'est brisé lorsqu'elle a réalisé qu'il était possible qu'elle ne revoie jamais Kitsu. Betty avait appris à aimer le renard intelligent, il faisait partie de la famille maintenant. Betty sait ce que c'est que de perdre une famille et elle n'était pas heureuse de perdre Kitsu.

Alors que les mammifères foncent sur lui, Kitsu frappe instinctivement ses mains de diamant l'une contre l'autre pour se protéger. Il y a eu une grande explosion, alors que l'éclair a sauté des mains de Kitsu. Il a été envoyé en spirale dans le tourbillon et le portail s'est fermé à l'instant même où il l'a traversé. Kitsu est resté face contre terre pendant une minute avant de se relever. Il avait perdu tous ses liens avec Silvio pendant l'explosion. Mais Kitsu n'allait pas laisser cela l'arrêter, le mammifère qui avait traversé le tourbillon avait formé un cercle autour de lui. "Allez les gars ! J'en ai assez de vous", Kitsu vit le premier mammifère charger vers lui. Kitsu le frappa avec des mains de diamant et le mammifère tomba à plat ventre sur le sol. "Quelqu'un d'autre ?" Kitsu a levé ses mains en signe de défi. Il pouvait voir que les manuels étaient furieux, mais ce n'était pas le moment de reculer. Kitsu a tapé sur le sol avec ses bottes et le sol a commencé à trembler. Les mammifères pouvaient sentir la terre s'ouvrir, Kitsu sourit en tuant un des mammifères avec son épée. "J'adorerais rester et discuter mais j'ai beaucoup de travail à faire" Kitsu s'est élevé dans le ciel alors que le sol s'ouvrait et avalait le reste des mammifères. "Voilà ce que j'appelle une grande entrée" Kitsu sourit de son succès. Il savait qu'il devait retourner au centre de recherche.

"L'algo est prêt ?" Ethan a demandé. "Oui, les NTF sont disponibles sur l'algo" répondit Silvio. "Qu'est-ce qu'un NFT ?" Betty demande. "C'est ce qu'on appelle les jetons non fongibles" répondit Silvio. "C'est moins cher et super efficace" ajouta Ethan. "Qu'est-ce que tu veux dire ?" demanda Betty. "Tu te souviens comment nous avons essayé d'acheter des ETH à la gare ?" Ethan a demandé. "Les ETH étaient chers alors on n'a pas pu y aller" a répondu Betty. "Eh bien, pour que le kitsune inu ne soit pas cher, nous créons le NFTS pour que tout le monde puisse se le permettre" a expliqué Silvio. "Donc, vous dites que si nous tirons sur ce boulet de canon, tout reviendra à la normale ?". Betty avait appris à vivre dans les moments difficiles, l'idée que tout soit rétabli était comme un rêve. "Eh bien, nous devrons planter les arbres mais nous-mêmes" Silvio haussa les épaules. "Tant que nous avons un sol fertile, ce ne sera pas un problème" répondit Ethan. "C'est dommage que Kitsu ne soit pas là. Il nous a tous sauvés" Betty avait les larmes aux yeux. "Betty, les choses ne se passent pas toujours comme prévu. Parfois il y a un contretemps dans nos plans mais nous devons juste continuer" Ethan essayait de consoler sa fille. "J'aimerais juste qu'il soit là avec nous" Betty a reniflé.

"Et où d'autre pourrais-je être ?" Kitsu s'est assis sur le cadre de la fenêtre. "Kitsu ! !!" Betty a sauté d'excitation. "On a cru qu'on t'avait perdu", a crié Betty. "Je vous ferai savoir que vous ne pouvez pas vous débarrasser de moi si facilement" répondit Kitsu. "Je suis content que tu sois de retour", sourit Silvio. "Je t'ai dit que j'aimais ces mains en diamant. Elles sont toujours utiles" répondit Kitsu. Tout le monde dans la pièce a ri. "C'est si bon de te retrouver" Ethan a donné à Kitsu un léger frottement. "Débarrassons-nous de cette misère puisque nous sommes tous ici" a dit Ethan au groupe. Betty s'est accrochée aux manches de son père pendant que Silvio appuyait sur le bouton. Ils pouvaient sentir le mouvement, c'était comme si quelqu'un avait poussé la terre en avant et qu'elle avait frappé la lumière. Les yeux de Betty sont fermés. "Allez, chérie, ouvre les yeux", dit Ethan à sa fille. Betty voulait se souvenir de chaque minute, elle a ouvert les yeux lentement et a vu le ciel clair. Le monde avait été sombre pendant si longtemps que Betty ne savait plus à quoi ressemblait le ciel. En voyant les nuages bleus pour la première fois après le trilemme, une larme s'est échappée de ses yeux. Betty a couru vers Kitsu et l'a serré dans ses bras : "Merci, Kitsu. Tu nous as sauvés", s'écria Betty.

CHAPITRE 5

Les nuages étaient hauts dans le ciel, il y avait des rafales de vent et l'air frais remplissait l'atmosphère. Si quelqu'un prêtait attention, il pouvait entendre le gazouillis des oiseaux. La puanteur dans l'air avait disparu et avait été remplacée par l'odeur des pins. Betty a mis un pied hors du centre de recherche et elle a crié de joie. C'était incroyable, c'était comme si leurs rêves étaient devenus réalité, Ethan se sentait nostalgique, l'idée de sortir dans le noir à la recherche de nourriture lui revenait à l'esprit. C'était comme si quelqu'un avait allumé une lumière vive et que l'obscurité s'était évanouie. "Est-ce réel ? Ce n'est pas un rêve, n'est-ce pas ?" a demandé Betty. "Je ne pense pas que je me serais donné autant de mal pour un rêve", a dit Kitsu en riant. "C'est réel, chérie" répondit Ethan. "Je ne peux pas le croire, papa, répondit Betty. "Je sais, chérie. Ça semble irréel" répondit Ethan.

Vivre dans l'obscurité pendant les trois dernières années, a laissé le monde vide, vide et sans forme. Le monde a été déserté par la joie, le bonheur et l'amour. La lumière a restauré l'espoir, la joie et le bonheur. Toutes les choses que l'obscurité avait volées sont revenues en courant. Tout le monde pouvait le sentir dans l'air, c'était indéniable et évident.

Les gens se sont précipités hors de leurs maisons, certains étaient dans la rue en train de pleurer. Betty est sortie du bâtiment avec le groupe, les sourires sur les visages des gens étaient une preuve suffisante que Kitsu les avait sauvés. Alors qu'ils marchent dans la rue, le jeune garçon que Kitsu a sauvé pendant la tornade crie "Maman, c'est le renard qui nous a sauvés", le garçon court vers Kitsu. Les gens se sont séparés et ont donné à Kitsu une salve d'applaudissements assourdissants, Ethan a commencé à chanter "Kitsu ! Kitsu ! !!" Les gens l'adoraient, ils hurlaient son nom alors qu'il passait devant eux.

Lily essayait d'administrer les premiers soins à un patient quand la nuit s'est soudainement transformée en jour. Tout le monde se précipita dehors pour voir le soleil haut dans le ciel. Lily ne pouvait plus bouger, ses pieds étaient trop faibles pour porter son poids. Elle avait perdu tout espoir et n'avait jamais cru qu'elle vivrait pour voir un jour comme celui-ci. Les enfants étaient sur la route et criaient de joie. C'était comme un rêve, le ciel bleu était un signe d'espoir pour les désespérés. Lily pouvait voir le véritable sourire sur les visages des gens. La seule pensée de revoir sa famille a fait couler des larmes sur ses joues. C'était la seule chose qu'elle avait souhaitée pendant toutes ces années de ténèbres. Lily pensait qu'elle n'aurait jamais la chance de réparer ses erreurs ; la lumière lui donnait une autre chance, et elle ne savait pas si elle la méritait. Lily est tombée à genoux en sanglotant.

Mme Brentwood était dans la pièce, Ethan et Betty n'étaient pas à la maison. Le duo se précipitait toujours le matin et revenait épuisé. Elle pouvait entendre des gens crier, quand elle a levé les yeux, le ciel était clair. C'était comme un rêve, Mme Brentwood pensait qu'elle était passée dans le pays des morts. Tout était plus lumineux et plus clair, c'était comme un rêve devenu réalité. Elle ne voulait pas être un fardeau pour Ethan et sa fille, ils en avaient fait assez pour elle. Mme Brentwood n'aurait pas pu demander un meilleur cadeau, elle avait enduré l'obscurité pendant trop longtemps. Mme Brentwood était prête à s'échapper dans les bras de la mort.

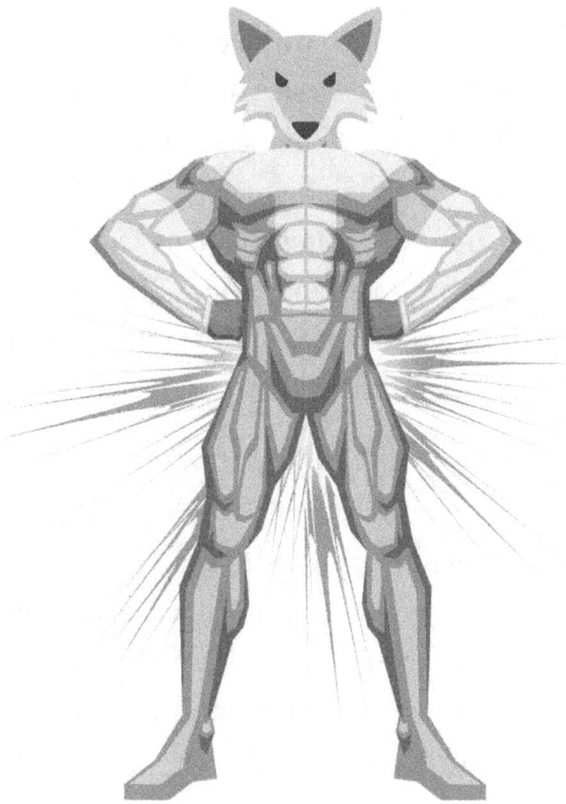

Elle a entendu des pas de course dans la maison, le bruit de ces pieds l'a ramenée à la réalité : "Betty ?" Mme Brentwood a essayé de se lever de sa chaise. "Mme Brentwood ! !!" Betty est entrée en courant dans la pièce avec un sourire éclatant comme le ciel clair. "C'est quoi tout ce bruit ?" Mme Brentwood a demandé. "Kitsu nous a sauvés du trilemme ! !!" Betty a répondu en riant. "Betty, je suis trop vieille pour tes blagues" Mme Brentwood a souri. "Je ne plaisante pas, Mme Brentwood. Venez voir par vous-même" Betty a guidé la vieille dame vers le porche. "Oh ! Mon Dieu. Je n'aurais jamais cru voir ce jour" Les larmes coulaient sur le visage de Mme Brentwood. "Ne pleurez pas. Les choses vont s'arranger maintenant", dit Betty en la serrant dans ses bras. "Je peux planter des fleurs maintenant, et je n'ai pas besoin d'aller chercher des fleurs sauvages dans les champs", sourit Betty. "Tu es tellement adorable" Mme Brentwood a déposé un baiser sur le front de Betty. Mme Brentwood a murmuré les mots "Merci" à Ethan qui se tenait à quelques mètres de là.

Peter n'en croyait pas ses yeux, il fixait le ciel clair sans ciller. Après plusieurs tentatives pour résoudre le trilemme, Peter pensait que cela n'arriverait jamais. Il avait abandonné cette possibilité depuis longtemps. C'était un miracle, le trilemme avait détruit beaucoup de choses mais tout le monde était reconnaissant pour la lumière du jour et l'air frais. Peter inspira profondément et expira.

Camille devait appeler le professeur Nasir. Il décroche à la deuxième sonnerie "Professeur Nasir, Silvio a résolu le trilemme" dit Camille avec excitation. "J'ai entendu" répond le professeur Nasir. "Merci de ne pas avoir abandonné" dit Camille à voix basse. "Silvio a créé une réplique de lui-même. Seul un esprit brillant peut produire quelque chose ou quelqu'un comme ça. Merci pour votre travail" a répondu le professeur Nasir. Camille était perdue dans ses mots après avoir mis fin à l'appel. Le trilemme était résolu et c'était tout ce qui comptait.

* La sonnette retentit et Betty se précipite pour répondre à la porte. Ethan avait organisé un dîner de fête et tout le monde était invité. "Maman ! !!" Betty a couru vers la femme qui se tenait à la porte et l'a serrée dans ses bras. "Tu m'as tellement manqué", s'écrie Betty. "Tu m'as manqué aussi, chérie" Lily pleurait, elle n'avait pas vu son enfant depuis trois ans. Lily avait passé chaque jour de ces trois dernières années à penser à sa famille. Ethan s'est précipité vers la porte quand il a entendu Betty crier. Il est resté ancré au sol en regardant les deux femmes les plus importantes de sa vie s'embrasser. Ethan a marché lentement vers elles et les a serrées dans ses bras. Les trois dernières années ont été difficiles pour la famille, mais grâce à Silvio et Kitsu, ils se sont retrouvés.

Tout le monde était à table quand Lily est entrée dans la maison. "Maman, il y a des personnes que je veux te présenter". Betty a attiré sa mère dans la salle à manger et a présenté tout le monde. C'était une soirée pleine de joie et de rires. Après le dîner, Kitsu, Silvio, Ethan et Betty se sont assis sous le porche. "Qu'est-ce qu'on fait maintenant ?" Ethan a demandé. "J'attendais cette question", dit Silvio en riant. "Nous avons besoin de plus d'arbres. Le trilemme a détruit tous les arbres et nous avons des arbres pour l'oxygène" répondit Betty. "On plante plus d'arbres alors" répondit Kitsu. "Mais je n'ai jamais planté d'arbre avant" ajouta Kitsu. "Je vais t'apprendre" répondit Betty. "Merci, Betty. Tu es trop gentille" Kitsu sourit. "J'ai une idée. Puisque Kitsu est un super-héros, pourquoi ne pas dire à tous les fans de Kitsu de planter un arbre. Comme ça, nous aurons plus d'arbres dans le monde entier", suggère Ethan. "C'est une excellente idée", tout le monde est d'accord. "J'ai aussi une idée" Lily les a rejoint sous le porche. "Maman ?" Betty se tourna vers sa mère. "Oui, je veux faire partie de votre groupe" Lily sourit. "Tu es la bienvenue. Mais juste pour que tu saches, nous allons planter des arbres" répondit Betty. "Ce n'est pas un problème", répond Lily. "Tu as dit que tu avais une idée. Ecoutons-la" dit Ethan avec un sourire. "Je sais que je suis nouveau dans le groupe. Je pense que Kitsu devrait appeler tous ses amis ambassadeurs et leur dire de se joindre à nous pour combattre la pollution et la pauvreté. J'ai des amis au Canada" répondit Lily. "J'ai reçu un courrier d'Amérique, de France, d'Égypte et de beaucoup d'autres pays" ajouta Kitsu. "J'ai aussi des correspondants de différents pays", a déclaré Betty en tapant dans ses mains avec enthousiasme. "Je pense que c'est une très bonne idée", sourit Silvio.

"Nous allons planter des arbres et lutter contre la pollution et la pauvreté en même temps. C'est trop cool !" Betty sourit. "On peut commencer demain ?" Betty demande : "Bien sûr", répond Kitsu. "Cela signifie que j'ai beaucoup de lettres à écrire. Je vais m'y mettre" Betty est rentrée dans la maison en courant. "Nous avons aussi beaucoup d'appels à passer" Silvio s'est levé. "Mettons-nous au travail" ajouta Ethan.

L'équipe a pu appeler des amis et des familles à rejoindre la lutte contre la pollution et la pauvreté. Kitsu et son ami ont également pu lancer le défi "planter un arbre" ; plus de dix mille arbres ont été plantés en un seul jour. Cet événement a été couronné de succès. Après le trilemme, tout le monde a fait attention aux substances dangereuses. Ils ont connu de première main les impacts négatifs que ces substances dangereuses peuvent avoir sur l'environnement. Tout le monde était très prudent, les jours sombres étaient terminés et il était important de maintenir l'équilibre entre la nuit et le jour. Le travail de Kitsu n'était pas terminé, il devait lutter contre la pauvreté et s'assurer que les gens gardaient un environnement propre et frais. Kitsu a continué à planter des arbres avec son équipe. L'algo encourageait également les habitants de la terre à planter des arbres. La blockchain révolutionnaire s'intéressait également à la sécurité de l'environnement.

Très vite, des maisons vertes ont été construites dans le monde entier, les gens s'embrassant et s'encourageant mutuellement pour que l'environnement reste sûr et habitable. Les choses revenaient progressivement à la normale, sauf que cette fois, c'était mieux. Betty aida Mme Brentwood à faire revivre son jardin de fleurs, il était très beau quand elles eurent terminé. Mme Brentwood s'asseyait sous son porche tous les soirs, profitant de la brise fraîche du soir. Betty se rendait encore parfois dans les champs pour cueillir des fleurs sauvages. Betty donnait les fleurs à certains de ses voisins.

L'équipe se réunissait régulièrement, aujourd'hui était l'un de ces jours. Tout le monde est à table, sauf Betty. Silvio jette un coup d'oeil à sa montre-bracelet, le grincement de la porte attire l'attention de tous. "Betty, tu es en retard", dit-on en chœur. "Je suis désolée. J'ai dû arroser les fleurs de Mme Brentwood", répond Betty en se glissant dans son fauteuil. "Je tiens à remercier tout le monde de participer activement à la lutte contre la pollution et la pauvreté", a déclaré Kitsu à l'équipe. "Nous ne pouvons pas nous arrêter maintenant. Mais la situation actuelle de la pauvreté a été portée à mon attention" ajoute Kitsu. "La distribution des richesses n'est pas celle prévue, c'est pourquoi nous allons distribuer nos jetons spéciaux à toute la population des gants avec l'aide de nos amis" a annoncé Kitsu. Sa déclaration a été accueillie par une salve d'applaudissements assourdissants. "Les jetons spéciaux permettront de restaurer la stabilité économique et de retrouver le bonheur" a ajouté Kitsu.

Betty était enthousiaste, elle adorait contacter ses correspondants pour l'aider à relever un défi. Betty et le reste de l'équipe ont dressé une liste des personnes qu'ils pouvaient aider pour la distribution. L'équipe s'était considérablement agrandie après le défi "planter un arbre". L'augmentation du nombre de personnes était une grande amélioration et l'équipe pouvait atteindre plus de personnes à travers le monde. Ils allaient rendre le monde meilleur grâce à leurs efforts concertés. La distribution a commencé progressivement et les gens ont commencé à recevoir les jetons spéciaux de Kitsu et assez rapidement, les jetons ont été distribués dans le monde entier. Tout le monde avait les jetons spéciaux, c'était un rappel de ce que la négligence de l'humanité leur avait coûté et cela symbolisait l'espoir pour les moins privilégiés. Le monde entier a fait le vœu de rester en sécurité et de protéger la terre de tous les dangers pour retrouver le bonheur.

CHAPITRE BONUS

Cher lecteur,

Grâce à ce manuscrit, nous espérons vraiment que vous avez apprécié et découvert de manière douce et originellement revisitée comment Algo a été créé et pourquoi il va vraiment changer notre futur !

Saviez-vous que personne dans l'histoire n'a jamais résolu le trilemme de la blockchain ? Silvio l'a fait, mais le vrai !

Grâce à Algo, des milliards de personnes sur la planète vont pouvoir effectuer des transactions à faible coût sans polluer davantage notre chère planète ! Et cela se passe en ce moment même, pendant que vous lisez ceci !

N'hésitez plus, attachez votre ceinture, et découvrez cette nouvelle blockchain qui révolutionne le monde ! Quoi d'autre.... ah ! Vous avez apprécié les aventures de Kitsu ? Alors nous vous invitons à laisser un commentaire spontané !

Venez nous rendre visite sur https://kitsuneinuasa.com/ et suivez-nous sur les réseaux sociaux pour découvrir un tout nouvel écosystème !

www.ingramcontent.com/pod-product-compliance
Lightning Source LLC
LaVergne TN
LVHW051119051026
849532LV00004BB/1594